La Montagne d'une jeune maman

Lise SALIEZ

LA MONTAGNE D'UNE JEUNE MAMAN

Sur le chemin abrupt du post-partum et de la maternité

ISBN numérique : 9791040559764

EAN papier : 9791040559771

Librinova

Courriel : contact@librinova.com
Internet : www.librinova.com

À mon fils, mon Everest,

Préambule

Le séisme, le tsunami, la chute libre de ma vie...voici tous les termes qui me sont venus à l'esprit peu après être devenue maman, une nuit à 4h du matin, prise entre la montée de lait et les hurlements de mon bébé. Plus tard, ces mots me sont revenus à l'esprit au moment d'une crise d'angoisse quand je gardais mon fils ou encore quand j'ai compris que ma vie n'allait plus jamais être comme avant, que ma liberté s'était envolée, que les responsabilités étaient écrasantes et que la fatigue colossale ne me quittait plus. J'y ai pensé aussi quand j'ai senti sur moi les regards des autres, entendu les conseils de la famille, des amis ou de la société qui nous disaient que de leur temps « ça filait droit » au moment où mon fils faisait une crise. Ceux qui affirmaient que je cédais « aux caprices » quand je prenais mon fils dans les bras.

Puis j'ai dû me rendre à l'évidence, avouer que ça n'allait pas, que je me sentais en échec, qu'avoir des enfants était une tâche très compliquée pour moi. Bien sûr, j'aurais pu continuer de croire que devenir maman n'était pas fait pour moi, ou que j'étais une maman à la ramasse par rapport aux autres. Mais face à un tel décalage entre mes attentes et la réalité, j'ai eu besoin de comprendre : Qu'est ce qui se passait ? Pourquoi je me sentais si mal et autant en difficulté ? Est-ce que je ne pouvais pas changer quelque chose ? Faire autrement ? Que faire ? Qu'est-ce que je devais changer ? Est-ce que j'allais me sentir aussi mal les dix, vingt, trente prochaines années de ma vie ? Est-ce que j'allais continuer à me dévaloriser ou me sentir dévalorisée ? Est-ce que cela me convenait ? Par où commencer ?...

C'est là que, cessant de regarder mes pieds écorchés, j'ai levé la tête et j'ai réalisé que j'étais au début d'un long chemin si je voulais changer les choses, une longue randonnée de montagne. Qu'y a t'il en haut ? Je ne sais pas, mais j'étais prête à y aller car quelque chose me guidait sur une autre voie. Face à ma montagne de difficultés, de doutes, de mal-être, ce livre représente mon témoignage, mon cri du cœur. Il est le récit de mon entrée dans le monde de la maternité qui, bien au-delà d'une rencontre avec mon fils, est une rencontre avec moi-même, de qui je suis réellement avec mes parts d'ombre et de lumière. Ce que j'écris là ne prétend absolument pas donner la vérité sur l'univers de toutes les jeunes mamans, mais il en apporte une : la mienne. J'espère que mon témoignage pourra nourrir la propre réflexion de chacune et chacun sur cette expérience et aidera des jeunes ou moins jeunes parents à comprendre pourquoi il est si important d'apprendre à se connaître, puis de prendre confiance en soi, de s'entourer et de revenir régulièrement à soi sur ces chemins montagneux, escarpés, abrupts, vertigineux que sont le post-partum et la maternité. Je détaille ici ma « chute », ma dépression post-partum, mon analyse, mes déclics, ma reconstruction et mon apprentissage sur le chemin de la parentalité. Car oui on ne le dit pas assez mais être parent pour la plupart d'entre nous ça s'apprend. Et comme tout apprentissage, il faut imprimer, s'informer, relire, essayer, se tromper, recommencer et surtout travailler (voire bachoter dans mon cas) si on veut y arriver.

Au moment où je commence à écrire ces lignes, je suis la maman d'un petit bébé de sept mois. Sept mois que ma vie a été bouleversée par le fait de devenir maman. Sept mois que mon monde a changé. Que mes yeux voient avec un prisme différent, que mes oreilles n'entendent plus les mêmes sons, que ma tête et mes entrailles se contredisent. Sept mois pendant lesquels j'ai rencontré des difficultés dans mon rôle de maman et aujourd'hui deux ans que ma maternité ressemble plus à une chaîne de montagnes qu'à un long fleuve tranquille. Les réussites, les échecs que j'ai vécus, les astuces et techniques que j'ai trouvées, les prises de conscience que j'ai eues à travers mes lectures et mon expérience m'ont poussée à écrire. J'ai eu aussi envie de partager mon témoignage car j'ai eu l'impression à maintes reprises que je n'étais pas seule à vivre cette expérience difficile et confusante de la maternité. Enfin, au-delà du sommet de nos montagnes personnelles, si on regarde le ciel, j'ai la conviction que l'éducation et notre comportement avec nos enfants construisent les adultes de demain et, par conséquent, la société de demain. Il est donc crucial que les parents que nous sommes trouvent un équilibre et un bien-être pour pouvoir mener du mieux possible cette tâche citoyenne qui nous incombe de façon encore trop autodidacte aujourd'hui à mon goût.

Avant d'avoir des enfants, je ne m'étais jamais posé de question en profondeur sur moi, mes failles, mon image, sur les injonctions sociétales, les inégalités, mon rapport à l'éducation. Je pensais reproduire le modèle que j'avais connu, baigné dans certaines croyances. Cependant, tout ce en quoi je croyais et toutes mes certitudes ont explosé le jour de la naissance de mon fils. Il y a eu ces claques, ces sensations, puis ces questions, ces intuitions, ces recherches, ces rencontres, le début de ma randonnée et de mon histoire.

Chapitre I
Mon expérience : de la chute au déclic

Seule dans ma tête, la fabrique d'un petit monde parfait

La tête dans les étoiles, allongée sur mon canapé, le bidon aussi haut qu'une montagne (celle que j'allais gravir pour la suite de ma vie...), je repensais à toutes ces phrases que l'on entend sur la maternité : « Être maman c'est que du bonheur ! », « C'est fatiguant donc profite de bien dormir avant ! », « Les enfants ? C'est ton miroir », « Tu n'auras plus de temps pour toi », « Ton couple en va prendre un coup », etc. L'expérience d'avoir un bébé était basée dans mon esprit sur ces dires, ces croyances, injonctions sociétales ou messages très répandus que les gens véhiculent autour de la maternité. J'imaginais à ce moment-là que, si tout le monde le disait, c'est que c'était probablement vrai. Comme si une vérité universelle pouvait exister dans ce domaine-là. Je me suis imaginé, avec toutes ces descriptions de la parentalité, et de ce qu'elles éveillent en moi, le modèle de la maman que je souhaitais être un jour : celle qui allaitera longtemps, qui sera ferme et douce à la fois, qui gardera du temps pour elle, qui sera cool et zen...qui sera comme ceci ou comme cela... Le tout, seule dans ma tête, avec moi-même, sans aucune idée du concret, aucune idée de l'expérience que cela représentait, sans jamais avoir connu de jeunes parents dans mon entourage ou vu de bébé de près. J'étais dans une illusion totale.

J'étais fière d'entamer mon neuvième et dernier mois de grossesse, je me regardais de profil dans le miroir et je rêvais de mon bébé. Je pensais à nous, à la maman que je serais, à la famille que nous serions dans quelques jours. Je nous voyais rire allongés sur le tapis d'éveil, nous amuser dans l'eau du bain qui fait des bulles, faire des câlins à n'en plus finir jusqu'à ce qu'il s'endorme dans mes bras tout contre moi...bref, je me faisais un film idéal et complètement imaginaire. Un film qui aurait pu s'appeler « Mumazing ! ». Alors oui, je me suis dit que « des fois », de « temps en temps », mon bébé allait pleurer et que je serais « un peu » démunie, parce que c'est ce que j'ai déjà entendu. Oui, peut-être que je serai « un peu » remuée après l'accouchement, fatiguée des « quelques » nuits blanches. OK, je serais « sûrement » déboussolée face aux crises et frustrations. Mais je pensais que rien ne serait difficile à la vue de cette petite bouille d'amour, oui, oui... Dans ce film haut en couleur, j'imaginais qu'être maman serait naturel et évident, que ça coulerait de source avec « l'instinct maternel » (le fameux). Je pensais aussi à cette phrase « Tu comprendras quand tu seras maman » qui me faisait palpiter : Enfin, j'allais comprendre ! J'allais découvrir cet amour éternel dont les mamans parlent. J'allais rejoindre le clan, passer de l'autre côté. J'imaginais mon accouchement comme un moment difficile mais qui se passerait bien. Je perdrais les eaux sur mon canapé comme dans les films et je foncerais à la maternité avec mon mari. Mes valises étaient prêtes, j'étais prête pour cette nouvelle vie. Enfin, j'étais prête pour la nouvelle vie que j'avais imaginée. Pour la réalité et ce qui m'attendait, je l'étais beaucoup moins. Avec le recul, je me vois comme une femme en short et tongs, au pied de l'Everest à qui on a dit, « demain matin tu commences ton ascension ».

J'ignorais à ce moment-là que la maternité est une expérience profonde, intime et singulière. Je ne mesurais pas à quel point elle donne une place particulière dans la société et dans la sphère professionnelle. J'ignorais l'impact que mon nouveau statut de maman aurait sur mes relations avec les autres, sur mon propre corps et mon cerveau. Mais surtout, j'ignorais ce que devenir maman allait réveiller chez moi : Dragons endormis du passé et monstres sous-marins de mon enfance, bonjour ! Je ne tardais pas à apprendre qu'être maman relevait plus du champ de ce que l'on peut faire et non de ce que l'on veut faire. Je m'étais construit une image de la maternité basée sur ce que les gens disaient. J'avais bien compris que chacune avait sa propre expérience au cours des différentes phases (grossesse, accouchement, petite enfance etc...). Mais j'étais fondamentalement convaincue qu'il y avait un socle commun à tous les parents. J'allais expérimenter le « bonheur total ? », un accouchement qui serait difficile mais « qu'on oublie vite ? », l'allaitement qui serait « naturel ? », le lien « unique ? » que l'on aurait avec son bébé. J'ai été la première dans ma famille et ma belle-famille à avoir un enfant et je n'avais pas beaucoup d'amies qui en avait non plus. Autour de moi, il y avait donc souvent des mères de la génération de mes parents. La quasi-totalité m'ont exprimé qu'avoir des enfants étaient une expérience merveilleuse. L'une d'entre elles m'a dit un jour « Avoir des enfants m'a complété en tant que femme ». Autant vous dire que j'attendais beaucoup de devenir maman pour vivre tout ce bonheur, cette complétude, cette réalisation...

Il y avait quand même des gros titres de livres dans le rayon « maternité » à la librairie qui m'aiguillaient sur une partie de la réalité que j'allais vivre. Certains parlaient de la « survie » des jeunes mamans, du baby blues, du post-partum, de dépression et de « mal de mères ». Je n'ai pas lu ces livres et je ne m'étais pas renseignée sur ces questions car cela me faisait peur, un peu par superstition aussi. Je me disais « c'est dommage pour ces femmes-là mais ça ne m'arrivera pas ». Je ne lisais donc rien sur les difficultés liées à la maternité. Mais tous ces livres ont eu le mérite de m'avoir révélé une première clé : la maternité peut être difficile et que plus de femmes qu'on ne le pense sont concernées. Ils ont aussi le mérite de mettre des mots sur des expériences qui ne sont pas souvent partagées avec les jeunes mamans. Ils apportent un éclairage sur des thèmes sensibles et cassent les discours poudrés de certaines mamans qui ne parlent « que de bonheur ». En effet, il peut arriver que l'on ne parle pas beaucoup de ce qui nous est arrivé de douloureux ou de difficile. On ne veut pas faire peur, on a honte, on ne veut pas être jugé, on ne souhaite pas partager certaines faiblesses. On préférera vanter les facettes de notre histoire qui nous ont réussi. Mais pourquoi ne pas parler un peu plus du baby blues ? D'accouchements difficiles ? Des sentiments complexes et ambivalents du post-partum ? De la difficulté d'être parent ? S'il y a des livres pour en parler, c'est bien que la parole ne circule peut-être pas si facilement entre les gens. Maintenant, avec mon expérience de jeune maman, je pense qu'il est essentiel de parler des difficultés que l'on peut rencontrer dans la maternité, surtout au début. Parler peut aider une mère à se sentir plus normale et moins en situation d'échec. On se sent moins seule, on se sent soutenue. Cependant, je rêve de passer à un cran encore au-dessus et d'avoir des gros titres de livres que l'on verrait tous de loin et que l'on intégrerait dans notre imaginaire collectif sur la maternité et qui seraient :

— « Jeunes mamans ! Faites-vous confiance ! »
— « Chaque bébé est différent et chaque bébé va à son rythme »
— « La maternité : oui c'est difficile, accrochez-vous ! »
— « Zéro pression : personne ne naît parent, ça s'apprend ! »
— « Avoir un enfant, c'est commencer sa thérapie ! »
— « Parle-moi de ton enfance et je te dirai quel parent tu es... »

Et mieux encore, avoir des structures, des lignes d'écoute, des professionnels dédiés à la thématique du post-partum et de la parentalité. Ces lieux et rencontres devraient être obligatoires et pour une durée de plusieurs mois, un peu comme les rendez-vous de sage-femme imposés et réguliers quand on est enceinte.

J'ai ce rêve, ce fantasme, de pouvoir me téléporter plusieurs mois en arrière et de pouvoir me parler à moi-même, enceinte de 8 mois et demi, juste avant la rencontre avec mon bébé. Je voudrais me parler de l'accouchement et de ce que mon corps allait traverser, des premiers jours à la maternité et de leurs réalités, des premiers mois et de leurs galères. Je voudrais me dire tant de choses sur mon couple et la façon dont il allait se transformer. Je voudrais me parler de ce bébé qui allait passer de mon ventre à mes bras, de ses besoins et de son langage. Je voudrais me mettre en garde à propos de ces premiers mois de vulnérabilité totale que j'allais traverser avec un premier enfant. Et surtout j'aimerais m'expliquer pourquoi il est si important que je prenne confiance en moi et que je relâche la pression dans une société où cela est une tâche très difficile...en tout cas elle l'a été pour moi.

Entre ce que j'avais entendu, retenu et le scénario que j'avais construit, j'étais dans le contrôle total et cela m'allait très bien. Mais le contrôle total représente, pour moi, avec le recul, l'opposé de ce qu'est la parentalité. Les premières contractions d'un lundi matin à 6h00 me réveillaient de ce rêve ambulant, ce monde irréel que j'avais imaginé, à mi-chemin entre les croyances populaires et le modèle parfait de la maman, du bébé et de la famille dont je rêvais...

Une réalité qui dénote

Mon expérience de la préparation et de l'accouchement

Chapitre un peu rude pour commencer, dans lequel je vais raconter la préparation succincte de ma fin de grossesse et de mon accouchement qui furent très difficiles. Mon escalade de ma montagne à moi commence par un col vertigineux, celui de l'utérus...Je tiens à préciser avant de rentrer dans les détails que pour beaucoup de femmes, ce moment se passe bien différemment de moi, bien plus dans la joie et la facilité que moi. Certains versants sont plus ou moins pentus pour chacune et on ne choisit pas sa montagne. Pour mon cas ça n'a pas été un simple choc que d'accoucher, mais un véritable séisme : la terre qui s'ouvre sous mes pieds, mon corps et mon esprit entiers ébranlés. La mauvaise expérience que j'ai vécue est due à diverses raisons et cela a commencé dès mon suivi de grossesse, en amont de l'accouchement...

J'ai choisi, au début de ma grossesse d'avoir recours à un accompagnement global à la naissance (AGN). C'était une idée géniale sur le papier pour la jeune femme enceinte que j'étais mais qui n'a fait qu'encourager mes insécurités. L'accompagnement global à la naissance est une pratique du suivi de grossesse assurée par une seule et même personne, généralement un ou une sage-femme, qui assure les consultations prénatales, la préparation à la naissance, l'accouchement et les soins post-partum de la mère et du nouveau-né. Pour ma première grossesse, c'est sur les conseils d'une copine enceinte également et faisant cette démarche elle-même que j'ai choisi de faire un AGN. Il y a à Paris des sages-femmes qui le proposent et j'ai eu la « chance » d'être suivie par un sage-femme dont je tairai le nom, mais renommé. Invité plusieurs fois sur le plateau de « La maison des maternelles », je me suis dit que j'étais dans des conditions optimales. Sur le papier, tout semblait idéal :

– Cours d'haptonomie en guise de préparation ;

– Inscription à la maternité de la clinique privée avec qui mon sage-femme travaille ;

– Un seul interlocuteur pour la grossesse ;

– Proposition d'une approche « naturelle » et « physiologique » de l'accouchement, loin des violences obstétricales ;

– Lui seul à appeler lors des premières contractions ;

– Mon sage-femme devait être présent à mon accouchement (ou en cas d'empêchement, ça serait quelqu'un du groupe dans lequel il était qui serait là et que l'on rencontrerait en amont).

Alors j'ai signé (...heureusement que j'avais une mutuelle qui prenait tout en charge car la note était plutôt salée). J'étais apaisée, je me suis dit que j'avais fait tout ce qu'il fallait pour être dans de bonnes conditions. J'étais dans un petit cocon qui allait prendre soin de moi et dans lequel je n'aurai pas beaucoup d'interlocuteurs et de démarches à faire. Déjà là, ma peur de ne pas y arriver toute seule et ma trouille de ce qui allait m'arriver avec un accouchement m'ont poussée à faire une démarche atypique. Mais je me suis rendue compte assez vite qu'il y avait quelques détails qui clochaient.

En effet, vers le septième mois, j'ai commencé à avoir des doutes sur mon sage-femme et son accompagnement personnalisé. Comme il avait cinquante patientes en même temps, il lui arrivait fréquemment d'oublier mon dossier ou qui j'étais. Il était très fatigué car il était en accouchement très régulièrement. Les séances d'haptonomie étaient superbes mais la préparation à l'accouchement à proprement parlé (quand aller à l'hôpital, les différents scénarios, etc...) a été expédiée en une séance. Là où mon expérience a été carrément décevante, c'est le jour où, allant boire un verre avec ma fameuse copine (suivie par ce sage-femme également), elle me dit « Ah ? mais Mister Sage-femme est absent une semaine avant ton terme ! ». Et là, ce fut la douche froide. Bien sûr qu'il était possible qu'il ne soit pas là le jour J (accident, congés, déjà en accouchement ou autre...) mais, il ne m'a même pas prévenue ? ! Je me voyais commencer mes contractions un beau matin, l'appeler sagement et tomber sur sa messagerie sans info. Non pas que ce scénario serait catastrophique, mais ce n'était pas ce pour quoi j'avais signé (et payé...). J'ai contacté ensuite mon sage-femme pour clarifier la situation et au moins obtenir le numéro du ou de la sage-femme qui le remplacerait au cas où. J'étais censée le ou la rencontrer selon les termes du contrat d'ailleurs.... Il m'a dit de ne pas m'en faire, car « si j'accouche pendant son absence c'est que mon inconscient ne voulait pas accoucher avec lui... ». J'étais choquée par cette phrase qui m'a laissée pantoise. Je me suis donc retrouvée très contrariée et apeurée à deux semaines de mon accouchement. Le fait d'être en suivi global m'avait fait miroiter que mon sage-femme serait là à mon accouchement, comme si seul lui pouvait garantir que ça se passerait bien. C'est mon mari qui m'a rappelé qu'il fallait que je croie en moi et que j'y arriverai avec ou sans lui. Je me rends compte avec le recul que déjà, en amont de l'accouchement, je n'avais pas confiance en moi. J'avais un doute sur le fait d'y arriver seule sans mon sage-femme. Ceci n'est pas du tout un détail car c'est un trait de caractère ou de ma personnalité qui a pesé dans la balance de ma maternité, du côté négatif et de la difficulté...

La veille du retour de congés de mon sage-femme, j'ai commencé mes contractions et nous savions que j'allais accoucher avec la sage-femme remplaçante. Elle était très sympa et partageait la même approche naturelle et physiologique que mon sage-femme avec qui elle travaillait. Donc je me suis dit « OK, ça va le faire ». Au beau milieu du travail (dilatée à cinq centimètres), je lui ai dit que je voulais la péridurale. Je sentais que mon corps en avait déjà beaucoup trop encaissé avec la douleur et que je pourrais difficilement garder mon sang froid par la suite. Elle m'a dit « Mais vous gérez très bien, ça serait dommage. Vous allez y arriver ». Sans insister, je me suis laissée guider, et elle m'a donné un médoc à la morphine...qui n'a pas vraiment calmé les douleurs. Seulement voilà : perte des eaux, premières poussées réflexes du corps et j'étais en salle de travail en moins de deux sans péridurale...et c'était trop tard. Deux heures de torture brute ont commencé avec un accouchement qui s'est compliqué sur la fin...et le tout sans péridurale. Mon fils avait le visage orienté vers le plafond et non vers le sol. La sage-femme ne s'en est pas rendue compte tout de suite, mais nous savions que quelque chose n'allait pas. Mon fils n'avançait pas d'un millimètre, le liquide amniotique était teinté, et la machine qui suivait son cœur était de plus en plus inquiétante. J'ai hurlé à chaque contraction et tenté de reprendre mes esprits les 2 minutes qui séparaient les contractions. La sage-femme a fini par appeler la médecin présente ce soir-là. Je me souviens les avoir vu en train de chuchoter à l'autre bout de la pièce et j'ai entendu la médecin dire « Ah mais elle n'a pas de péridurale ? » ...là je me suis dit que ça sentait vraiment mauvais cette histoire. Déjà que j'avais d'immenses et atroces douleurs à chaque contraction, qu'est-ce qui allait m'arriver ? Le col finit par être enfin dilaté complètement et j'ai dû pousser à chaque contraction. Mais cela n'a pas accéléré la naissance. Puis soudain, j'ai entendu la médecin dire « OK tachycardie », puis tout s'est précipité. J'ai entendu un bruit de sac plastique et vu des outils en métal. J'ai compris qu'on allait me faire un forceps et j'ai pris peur : pourquoi pas des ventouses au lieu d'un forceps ? Est-ce que c'est bien un forceps en fait ? Qu'est ce qui se passe ? Pourquoi d'un coup toute cette agitation ? Puis là j'ai senti, par-dessus les douleurs terribles que j'avais déjà, une douleur fulgurante dans le bassin. La médecin venait de m'introduire les pinces du forceps et en les fixant ensemble avait écarté un peu plus le bassin déjà à son maximum de tension. Je me suis mise à hurler et à perdre pied. Mon mari me disait « regarde-moi dans les yeux, regarde-moi dans les yeux". Je fixais donc son regard pour trouver un ancrage et j'ai réussi à surmonter ce passage sans tomber dans les pommes. La contraction suivante arrivait et on m'a dit de pousser. Au même moment, la médecin a tiré avec les pinces du forceps et cela m'a soulevé le bassin. J'ai hurlé de douleur encore plus que jamais. Le bébé ne venait toujours pas. J'ai vu la sage-femme passer à la médecin des ciseaux et entends le bruit de coupure. J'ai compris qu'elle venait de me faire une épisiotomie sans me prévenir. J'étais en panique totale. J'ai repris un peu mes esprits et attendu la nouvelle contraction. Le temps semblait s'être d'un coup ralenti car la contraction n'arrivait pas dans la minute comme les autres. Juste le temps pour moi de prendre conscience de la scène : il y avait mon mari à côté de moi, la médecin et la sage-femme rivées sur le forceps et j'attendais la contraction. C'est comme si le corps s'était reposé trois minutes avant la poussée finale...je sens qu'elle arrive, ça y est. La contraction démarre, je pousse de toutes mes forces et je sens la tête du bébé qui passe. Une grosse tension se lâche. Puis sans attendre, mon mari, la médecin et la sage-femme m'ont regardé et ont crié « Vas-y ! ! ! Pousse, pousse, pousse encore ! ! ! ». Je donne tout ce qu'il me reste, pousse de toutes mes forces, mon champ de vision devient blanc et se rétrécie... et je sens mon bébé qui passe. Et enfin, je le vois, il est là, relié à moi par le cordon ombilical. Il est 1h18 le 18 juin 2019.

Finalement, je n'ai pas eu de péridurale alors que je l'avais demandée et les quinze dernières minutes, personne ne m'a plus rien expliqué. On a juste appliqué des gestes médicaux sur moi. Mon sage-femme est arrivé le lendemain soir, de retour de vacances comme une fleur pour me voir à la maternité, avait oublié de nouveau mon prénom et je lui ai dit que c'était fini pour moi le suivi global. Au revoir.

Je suis persuadée que mon expérience n'est pas représentative de ce que le suivi global est censé offrir et beaucoup de femmes en sont vraiment ravies. Je pense juste qu'il faut faire attention :

– À avoir un ou une sage-femme pas trop débordée (sinon le suivi personnalisé l'est, de fait, beaucoup moins...) ;

– À discuter et demander à adapter les prestations à nos besoins si on voit que ça ne nous correspond pas ;

– Se méfier de ce qui est radical comme « la péridurale c'est bien » ou « mal » : nous sommes toutes différentes. Péridurale ou pas, naturelle ou pas...j'aurai préféré qu'on respecte mon choix (avoir la péri !) plutôt qu'on se rapproche d'un idéal. Je réentends mon sage-femme se féliciter du peu de péridurale qu'il y avait parmi ses patientes. OK, mais à quel prix pour ces dernières ;

– à ne pas idéaliser ce que l'accompagnement global peut nous apporter car il y a une part d'inconnue le jour J.

À ce stade de l'histoire et avec le recul, je me rends compte que dès l'accouchement, j'aurai dû me faire confiance. J'avais mal et je sentais ma limite, j'aurais dû insister pour avoir cette péridurale. Insister pour que mon mari, mon fils et moi, ne gardions pas ce souvenir comme un événement aussi heureux que douloureux. Pour l'anecdote, la seule rumeur que j'avais entendue et que j'ai eu la chance d'expérimenter fut la suivante : Alors que je me suis sentie comme coupée en deux par l'arrivée de mon fils, persuadée que les dégâts seraient irréparables, à la seconde où je l'ai vu, l'espace d'un instant, le temps s'est arrêté et la douleur aussi. Je l'ai aimé et plus rien n'a compté autour.

Mon expérience de la maternité les 6 premiers mois

Les premiers jours à la maternité de post-partum ont été hors du temps, presque irréels. Je me souviens de cette discussion que j'ai eue avec une maman que je venais de rencontrer dans une soirée quelques mois plus tard. Nous discutions toutes deux de ces premiers jours à la maternité et elle m'a dit qu'aucune des femmes de son entourage ne lui avait parlé de ces jours si spéciaux et de ce que l'on pouvait ressentir les premières heures, les premiers jours de vie de son bébé. Elle a trouvé ce moment très difficile et lorsque ses amies lui ont dit « Ah oui c'est vrai que c'est comme ça, personne ne te l'avait dit ? », elle m'a confiée s'être sentie « trahie ».

Mon expérience de ce moment passé à la maternité est particulière. Un mélange de bons et de mauvais moments, qui donnent une ambiance étrange à la scène quand j'y repense. C'était l'amour le plus doux et la galère la plus drue en même temps. Il y a eu des moments de complicité avec mon mari parti me chercher des sushis et du pâté (j'en suis accro !). La joie de se dire qu'une grosse épreuve était derrière nous. Le soulagement de voir notre bébé sain et sauf. Puis il y a aussi mon ventre encore gonflé mais tout flasque que je n'ai pas osé toucher tout de suite, la lourdeur du corps qui vient comme de se prendre un bus, les courbatures qui se réveillent, la culotte jetable médicale qui est une sorte de filet, la serviette hygiénique de la taille d'un canoë, le sang et autre substances bizarres qui coulent à profusion, les sages-femmes qui entrent pour tout contrôler plusieurs fois par jour même si vous dormez et les proches qui ont mis des photos de moi (en pyjama !) et de mon bébé sur les réseaux sociaux le lendemain de la plus terrible épreuve de ma vie. La montée de lait a été difficile aussi la troisième nuit, car bébé voulait téter toutes les trente minutes et je n'arrivais pas à dormir. On commençait tout juste à toucher du doigt la détresse et la fatigue des jeunes parents, mais nous étions au tout début de la montagne...

Et puis j'étais complètement sonnée, en état de choc après l'accouchement que je venais de vivre. J'étais déboussolée, j'avais l'impression de flotter, d'errer dans ma chambre ou dans les couloirs de la maternité. J'ai même fait un malaise lors de la première grosse crise de larmes de mon nouveau bébé tellement mon corps et ma tête ne pouvaient plus rien endurer de plus comme stress après mon accouchement. J'ai attribué tout ce mal-être à l'hôpital car ce n'était pas chez moi et j'ai été très contente d'apprendre que je pouvais rentrer. Je me souviens avoir regardé ma chambre d'hôpital n°315 une dernière fois, puis quitté la maternité avec mon bébé tout contre moi, avec fierté, avec la hâte de pouvoir profiter de toutes les installations et décorations que j'avais préparées depuis des semaines. Mais si quitter la maternité fermait un chapitre douloureux, les chapitres suivants bien que différents ne l'étaient pas moins.

Les six premiers mois de la vie de mon fils ont été vécus comme un calvaire. Si j'ai eu la chance d'aimer mon fils, depuis la première seconde, tout le reste m'a paru tellement difficile ! Ses pleurs qui me prenaient au ventre, puis la peur quand il ne tétait pas bien. La fatigue qui était terrible surtout après l'accouchement que j'avais eu. L'inquiétude à la moindre toux, au moindre nez qui coule. Et puis qu'est-ce que j'ai pu être fusionnelle ! Les gens qui étaient autour de mon bébé, qui voulaient le prendre, l'embrasser, le serrer. Ces gens m'ont dérangée. Un jour, j'ai même dit à mon mari que quand les gens embrassaient mon fils lors des premières semaines de sa vie, j'avais le sentiment qu'ils embrassaient mon utérus tellement pour moi mon bébé était une partie de moi et de mon intimité. Il y avait donc deux vents qui se sont mélangées en moi pour donner un climat très spécial à mes débuts de maman : le bonheur et la lutte. Le début d'un clivage dans ce que je ressentais et qui a fini par se

généraliser à tout ce que je vivais :
– La hâte qu'il s'endorme contre l'impatience qu'il se réveille ;
– La peur qu'il ne mange pas assez contre celle qu'il mange trop et renvoie son lait ;
– Le besoin de faire un break contre l'impossibilité de m'éloigner de lui ...
Je ne savais plus ce que je voulais vraiment et souhaitais tout et son contraire à la fois. Je ne me reconnaissais plus, j'étais confuse et me sentais aliénée.
En plus de tout cela, les relations avec mon entourage ont beaucoup changé. J'ai vécu des moments atroces, des émotions très intimes et j'étais dans une grande vulnérabilité ces premiers mois de maternité. Ainsi, il m'a été très difficile d'affronter le regard des autres et leur incompréhension. Je pleurais beaucoup, j'étais moins vive et enjouée qu'à mon habitude, j'angoissais, je paniquais, j'avais perdu mes couleurs. Alors, les gens ont essayé de me rassurer, de me raisonner, voire parfois de me secouer. Personne n'a mesuré le choc que j'avais vécu et personne ne savait que les mots ne suffisaient pas. Alors j'ai rapidement cessé de parler de mon mal-être car je ne voulais pas que l'on me redise encore que « Tout va bien aller » et que « Ça passera ». Déjà parce qu'avec ces phrases j'avais le sentiment que c'était moi qui voyais tout en noir et donc que c'était moi le problème, et puis, je sentais que quelque chose n'allait pas et je ne me sentais pas écoutée.

Le déclic

Le déclic est survenu entre le septième et le neuvième mois de mon fils. J'ai réalisé deux choses principales.
Le premier constat fut que, en fait, c'était la cata : Mais pourquoi les autres mamans avaient-elles l'air de s'en sortir si bien ? Pourquoi

est-ce que je trouvais cela aussi difficile ? Pourquoi me sentais-je prise dans un piège et avais-je l'impression d'étouffer ? Pourquoi avais-je l'impression qu'être maman n'était pas fait pour moi ? Pourquoi je ne ressentais pas tout le bonheur qu'on m'avait annoncé ? Et pourquoi est-ce que je ne me reconnaissais pas ? J'étais en pleine dépression post-partum et je ne le savais pas. Mal informée sur ce sujet, je ne savais pas que ce que je vivais avait un nom et que beaucoup de femmes passaient par là aussi.

Au huitième mois de mon fils, je me suis retrouvée dans cette situation dans laquelle je me sentais mal au quotidien. Je n'étais pas à l'aise dans mon rôle de maman. Il y avait des moments de pur bonheur certes, mais comparé à la proportion écrasante de moments contraignants, déstabilisants et de détresse, je ne m'en sortais pas. Je ne voyais plus le côté plaisant des moments passés avec mon bébé, je n'arrivais pas à en profiter. Même avec la reprise du travail, cela ne s'était pas arrangé. Je gardais mon fils le mercredi et il m'arrivait d'angoisser ou de pleurer le mardi soir à l'idée de me retrouver avec mon fils toute la journée le lendemain. Je ne voulais pas faire et refaire, encore et encore, toutes ces tâches de maman pendant toute une journée avec mon fils. Les couches à changer, les biberons à préparer, nettoyer, puis refaire, puis nettoyer le rejet sur son body, puis rechanger la couche...etc. Même sur le tapis d'éveil avec lui je m'ennuyais, je trouvais le temps long. Et à cela s'additionnait la frustration de ne pas pouvoir vraiment ranger la maison, ou se reposer ou prendre une douche parfois. Mais que pouvaient bien faire les autres mamans avec leur bébé toute la journée ? Et puis je ne parlais avec personne dans cette maison dont le silence n'était brisé que par les pleurs du bébé. Ma maison était devenue ma prison : chaque fois que mon mari rentrait du travail c'était une bouffée d'oxygène. C'était comme la visite d'un proche dans ma cellule le soir puis il repartait le lendemain matin... J'ai donc dû me rendre à l'évidence et avouer que c'était une vraie catastrophe pour moi ce début de parentalité. C'était un cauchemar où chaque jour se ressemblait et il m'a fallu un semestre entier pour que je le réalise.

Le deuxième constat fut que je ne pouvais plus continuer ainsi. Après avoir pris conscience que la situation n'allait pas pour moi, j'ai pu me dire que non, je ne pouvais pas vivre comme ça tout le reste de ma vie. Je ne pouvais pas continuer à me sentir aussi mal chaque jour. Il fallait que ça change et que je trouve des solutions pour me sentir mieux dans ma peau, mieux dans mon rôle de maman et mieux en présence de mon fils. Il fallait aussi que je comprenne pourquoi je me sentais ainsi. Alors ne sachant pas par où commencer j'ai pris un stylo, une feuille et j'ai dressé la liste de ce qui n'allait pas, sans classement ni réflexion poussée. Juste un brainstorming de mon mal-être. À mon grand étonnement, une liste de points, de thèmes, de ressentis et de situations bien plus longue que prévu est sortie. J'avais donc un point de départ et, une à une, j'ai tenté de prendre du recul sur ces lignes et de comprendre ce que je vivais, pourquoi je le vivais ainsi et quelles étaient mes possibilités d'agir.

Un départ raide et difficile donc...

La tête dans les étoiles et sûre que ma randonnée se passerait très bien en tongs et short, j'ai commencé l'ascension d'une montagne colossale sans eau ni nourriture, sans boussole ni carte. Non préparée, mal informée, j'ai grimpé une pente rude, enchaîné avec le passage d'un col très compliqué, puis j'ai chuté dans un gros trou profond que je n'avais pas vu venir. Blessée au fond de mon trou, apeurée, perdue et très vulnérable, j'ai attendu pendant sept mois avant de chercher des solutions pour en sortir. Cette chute m'avait laissée des traces et j'ai compris que pour rebondir et avancer plus loin, j'allais devoir m'équiper et trouver des outils. Il fallait que je me fasse aider, que je me muscle. J'ai pris conscience à ce moment-là que le reste de ma randonnée pourrait être un enfer si je ne cherchais pas des solutions. La première des étapes avant de continuer était de faire l'inventaire de ce qui faisait défaut en reprenant depuis le début. Suite à cela je me suis dit que j'allais devoir trouver des solutions à chaque problème, ou en tout cas essayer.

Chapitre II
La liste de ce qui n’allait pas et une analyse qui m’a menée à...moi

Comme je l'ai dit, la liste de ce qui n'allait pas depuis mon accouchement était longue et le plus surprenant c'est que tous les domaines de ma vie étaient touchés :

– Le traumatisme de l'accouchement qui ne passait pas (cauchemars, crises d'angoisse...) ;

– Mon nouveau statut de maman dans la société et comment je le vivais (pression, attentes, jugements, incompréhension de la part des autres...) ;

– La différence d'image entre le papa et moi (il était jugé super et moi en échec) ;

– Les contradictions permanentes que j'entendais sur ce qu'il fallait faire avec un enfant et qui m'apportaient de la confusion ;

– Le retour difficile au travail ;

– L'écart entre ce que mon bébé était et ce que je voulais qu'il soit ;

– L'image de maman que j'avais en tête et à laquelle je ne collais pas du tout ;

– Le manque de sommeil ;

– La fatigue mentale (pas assez de loisir et trop de tâches contraignantes) ;

– La peur permanente : de me tromper, qu'il aille mal, de mal faire, de l'avenir ;

– Une culpabilité écrasante : de ne pas être heureuse, de ne pas être bien dans ma peau pour mon enfant ;

– La honte : d'avoir besoin d'aide.

Seul mon couple n'a pas vraiment souffert dans tout ce bazar innommable. Mon mari a été d'un grand soutien et mes épreuves avec ce début chaotique de maternité nous ont même rapprochés. Cela a transformé notre relation en profondeur. Je pense après coup que c'est sûrement parce que j'étais tellement mal que mon mari s'est investi naturellement et m'a soutenue à cent pour cent (avec quelques accros évidemment). Les challenges de couples déchirants sont arrivés plus tard entre nous, quand mon fils fut plus grand... Aujourd'hui, je me revois dresser la liste de ce qui ne va pas avec émotions car c'est à cet instant qu'a commencé ma grande aventure. Celle dont je vais vous parler ensuite. Et si le sommet de ma montagne à moi est encore loin, je peux déjà regarder derrière moi et me féliciter du petit bout de chemin déjà parcouru et de tout ce que j'ai appris pour être une maman, mais surtout pour être moi-même. La première de mes clés a donc été de me poser pour analyser la situation. Je me suis rapidement rendue compte que chaque problème que je rencontrais était en lien avec moi, mes traumas et mes faiblesses. Si le dicton de base est que « tous les chemins mènent à Rome », je dirai qu'à travers mon expérience toutes les difficultés menaient à moi.

Une maman en état de choc post-traumatique

Mon accouchement avait été une épreuve trop difficile pour mon corps et mon mental. Le cumul de l'abominable douleur, le fait d'avoir manqué d'informations, les actes médicaux que j'ai subis sans aucune explication. Tout cela m'avait plongé dans une grande terreur m'avait mise en état de choc. Cet état de sidération était tel que quand je suis retournée dans ma chambre à la maternité après l'accouchement je ne bougeais plus et je n'arrivais pas à dormir ou à penser. Je me souviens qu'il y avait mon mari qui s'était endormi à côté de moi, et moi j'étais dans mon lit assise. Je tenais mon fils dans les bras car je ne voulais pas m'en séparer et je regardais par la fenêtre avec les yeux aussi écarquillés qu'un hibou. J'étais complètement réveillée et en alerte avec la dose de stress et d'hormones que mon corps venait de recevoir. J'ai regardé la lune progresser dans le ciel au fil des heures qui passaient, partant du bord gauche de la fenêtre et se rapprochant du bord droit, pendant que mari et bébé dormaient profondément. Je n'ai réussi à dormir que le lendemain après-midi. J'étais sonnée mais j'avais l'impression que mon calvaire était fini, que ça irait. Puis le lendemain midi, au moment où j'ai reçu mon plateau repas, j'ai essayé d'ouvrir un petit sachet de sucre pour le manger avec mon fruit. Ratant l'opération, j'ai mis du sucre partout sur moi et dans mon lit. Et je me souviens avoir fondu en larmes. Mon mari n'a pas compris et est venu me voir pour me consoler. C'est là que je lui ai dit dans un énorme sanglot « Mais qu'est-ce qu'on vient de vivre ? Qu'est ce qui s'est passé ? J'ai eu tellement mal, on m'a fait mal... » (absolument rien à voir avec le sucre finalement...). Je me souviens que mon mari aussi a été très ému à ce moment-là et il m'a confié que lui aussi avait ressenti de la peur (la sienne et la mienne), la détresse de m'avoir vu souffrir impuissant, et il avait trouvé cela très long et éprouvant. Nous étions tous les deux secoués et choqués. Mes hurlements retentissaient encore dans ma tête, j'avais perdu la notion du temps. Bébé était là, il était beau et près de moi, mais moi je n'étais pas vraiment là.

Pendant les quatre mois qui ont suivi mon accouchement, j'ai fait des cauchemars (du sang, des hurlements, des gens qui essayaient de me faire du mal...). Il m'est arrivé quelques fois d'avoir des moments d'absence, des flash-backs en pleine journée qui me renvoyaient à la salle d'accouchement, la scène, les hurlements, le bruit du métal des pinces du forceps, et puis je revenais dans mon moment présent par un petit sursaut ou en secouant la tête pour chasser les images et le son. Je n'arrivais plus du tout à gérer mes émotions. J'ai eu quelques crises d'angoisses ou attaques de panique. Un jour nous avons dû nous rendre à l'hôpital pour mon fils qui avait de la fièvre à six semaines et la simple vue d'un brancard m'a fait fondre en larmes. Un autre jour, une dame m'avait bousculée dans le bus et très amèrement m'avait dit de me pousser parce que je la gênais. J'en ai fait une crise de panique une fois rentrée chez moi, trouvant la violence de cette altercation insupportable.

Lorsque mon fils a eu deux mois, j'ai décidé d'aller voir une ostéopathe pour vérifier que le forceps n'avait pas causé trop de dégâts au niveau des os de son crâne. Il avait eu des plaies à la tête causées par les pinces à sa naissance et je craignais que son crâne ait subi des dégâts également. Tout allait bien pour bébé, mais l'ostéopathe, suite au récit de mon accouchement et vu mes symptômes (cauchemars, flash-backs, crises de panique etc...), m'a dit sur un ton assez grave : « Madame, avez-vous conscience que vous êtes en état de choc post-traumatique ? Vous avez besoin de consulter un professionnel. Mais rassurez-vous,

ça se soigne très bien ». Elle m'a ensuite donné le contact d'une psychologue clinicienne qui pratiquait de l'EMDR (Eye Movement Desensitization and Reprocessing ou encore désensibilisation et retraitement par les mouvements oculaires). J'ai donc eu la chance de tomber sur cette ostéopathe à l'écoute qui m'a orientée vers une professionnelle. Je savais que ce que j'avais vécu était violent, mais jamais je n'aurais pensé que mon état n'était pas normal, que mon cerveau était bloqué pour se protéger et que je devais être soignée. Je pensais que j'étais mal car j'étais une mauvaise maman qui pleurait et angoissait au lieu de goûter son bonheur...
Il m'a fallu quatre mois de suivi post-traumatique en EMDR pour me remettre de ce que la psychologue clinicienne a qualifié dans mon dossier de « violences obstétricales ». Ainsi, je souligne ici l'importance de se faire diagnostiquer si on a un doute et d'en parler autour de nous. Cela a été une étape cruciale pour la suite de mon parcours.

Une reconstruction nécessaire

C'est grâce à la psychologue que j'ai compris qu'une partie de mon mal-être en post-partum était lié au traumatisme de l'accouchement. Une fois la prise de conscience faite, plusieurs émotions se sont succédées en thérapie sur le chemin de la guérison : la colère, la tristesse, l'injustice (Pourquoi est-ce que cela m'était arrivé à moi ?), la honte aussi (de raconter aux autres mon accouchement car j'avais l'impression que j'allais effrayer tout le monde). C'est au bout de ces quatre mois de thérapie que je me suis rendue compte que je pouvais en parler avec d'autres personnes sans pleurer, ou sans que cela ne génère d'émotions particulières. J'avais réussi à accepter ce qui s'était passé. Mais si l'on fait les comptes, les deux mois dans le brouillard total additionnés à la thérapie de quatre mois représentent six longs mois où je n'avais pas « que seulement » les sujets d'une maman classiques à gérer (fatigue, douleur, allaitement, trouver ses marques et un nouveau rythme...), mais aussi toute une reconstruction. Ceci a contribué lourdement à ma dépression post-partum, rajoutant du mal-être à mon quotidien. J'ai donc réalisé la première grosse thérapie de ma vie, compris que c'est un processus qui remue beaucoup, qui nous fait passer par plein d'émotions différentes et cela a été une composante du post-partum qui m'a rajouté de la difficulté. Mais cette expérience m'a permis d'en apprendre sur moi et de réaliser plusieurs choses :

– J'avais un handicap que d'autres mamans n'avaient pas avec l'état de choc post-traumatique ;

– J'ai compris à ce moment-là, pour la première fois depuis que j'étais tombée enceinte, que me comparer aux autres femmes était périlleux car nous n'avons absolument pas toutes le même parcours ;

– Mon corps, mon cerveau, mes émotions, ma lucidité n'étaient plus dans leur état de fonctionnement normal à cause de ce que j'avais vécu. C'est bien la preuve que les « Allez ressaisis-toi ! » ne pouvaient pas fonctionner dans mon cas ;

– Et enfin, que je devais m'occuper de moi avec des soins, de la bienveillance et de la tolérance.

C'est la première fois que je me suis regardée de l'extérieur. Comme si je regardais une autre femme qui avait traversé tout ça et j'ai touché du doigt cette sensation très agréable sur le moment : de l'empathie envers la femme et la maman que j'étais.

Une maman qui se sentait dévalorisée en société

La montagne des conseils qui disent tout et leur contraire

S'il y a une chose qui m'a bien gâché mon expérience de la maternité les premiers mois, ce sont les fameux conseils, astuces, réflexions de la famille, des amis, des gens bien-pensants et surtout de certains professionnels de santé autour de ce que je devais ou non faire avec mon bébé.
— Laisse-le pleurer sinon il ne saura pas se calmer sans toi !
— Il ne faut surtout pas laisser pleurer un tout petit !
— Il dort sur le ventre ? Tu sais qu'il peut en mourir ?
— Donne-lui un biberon de lait épaissi pour qu'il dorme mieux la nuit.
— Donne-lui une tétine.
— Surtout pas de tétine ma belle ! Il sera dépendant après et bonjour la dentition !
— Prends-le en peau à peau au maximum.
— S'il est trop dans tes bras il aura du mal avec la séparation.
— Il faut lui imposer un rythme.
— Il ne faut surtout pas le réveiller !
— …
Quel brouhaha autour de moi depuis que je suis maman ! Quelle prise de tête ! Bien souvent j'ai été assommée par les paroles et les conseils des gens qui en plus ne cessaient de se contredire. La première chose que l'on vous dit c'est de vous fier à votre instinct maternel (encore lui), puis ensuite, en oubliant totalement ce premier conseil qui serait finalement le plus essentiel, on vous donne mille et un conseils sur ce que vous devez faire. C'était à en devenir folle et à faire grandir en moi le sentiment de culpabilité et

de doute à chaque action, à chaque choix. C'est comme des petits diables et des petits anges sur les épaules. Moi j'avais la psy d'un côté, le pédiatre de l'autre, mais aussi les copines, la famille, les passants etc.... et vous savez quoi ? Impossible de dire qui étaient les diables ou les anges dans cette histoire. On dit que l'enfer est pavé de bonnes intentions, je crois que pire encore, il est pavé de conseils spontanés pour les jeunes mamans. J'ai personnellement trouvé cela fatiguant et vexant car j'avais l'impression d'être nulle quand les gens me conseillaient automatiquement, sans que je ne le demande. Pourquoi le faisaient-ils ? J'avais l'air à ce point incompétente ? J'avais l'air à ce point de ne pas savoir ce que je faisais ? Voici ci-dessous les principaux dilemmes avec lesquels j'ai gâché ma maternité pendant les premiers mois de vie de mon fils, et je ne présente ici que les contradictions entre mon médecin, ma psy et mes entrailles. Je vous épargne le reste des gens et leurs positions diverses sur les choix que j'avais fait avec mon bébé.

Les pleurs : laisser pleurer un enfant ou pas ?

La pédiatre me dit :
— Oui, laissez pleurer votre enfant de cinq mois en lui expliquant pourquoi vous le laissez pleurer évidemment. Il doit apprendre à se calmer tout seul et que vous ne le prendrez pas dans vos bras à chaque fois qu'il pleure ou crie. Il pourrait prendre de mauvaises habitudes sinon.
La psy me dit :
— Non, ne laissez jamais votre enfant de cinq mois pleurer seul ! Votre bébé est dépendant de vous à cent pour cent pendant au moins la première année de sa vie. L'ignorer quand il pleure, ignorer sa souffrance, son appel ou lui expliquer pourquoi on ne répond pas à sa souffrance est terrible pour lui. Il n'apprendra pas à se calmer

seul mais il apprendra à renoncer car il enregistrera que personne, pas même ses propres parents, ne viendra l'aider quand il sera en détresse.
Mon corps me dit :
— Le petit pleure, quelque chose ne va pas ! Vite, vite, j'ai dit vite, fais quelque chose, il faut agir, je te fais mal au ventre, j'accélère ton rythme cardiaque, hormones ou pas je m'en fiche, prend le dans tes bras, j'ai dit FAIS QUELQUE CHOSE ! ! ! ! !
Ma tête qui écoute les autres me dit :
— Vas-y poulette, prends-le dans tes bras et tu vas devenir esclave de ton bébé. Il va t'embobiner et en un claquement de doigts, il fera de toi ce qu'il veut. Tu ne lui rends pas service en lui apprenant que la vie c'est facile comme ça « je pleure et maman arrive ». Et puis, tu vois bien que les gens ne comprennent pas pourquoi tu accours quand ton bébé pleure. Tu sens bien les regards des gens quand tu le prends dans tes bras.
Rien qu'avec ça, j'ai senti s'éveiller tout un blabla interne et contradictoire me faisant faire trois tours sur moi-même lorsque mon bébé pleurait, ne sachant pas si je devais aller le prendre ou le laisser pleurer. C'était la tête contre les entrailles, mon envie contre le regard des autres, le monde médical du pédiatre contre le monde psychologique de la psy. Il s'est avéré que pour cette thématique, c'est mon corps qui a pris le pas : je ne pouvais pas laisser mon bébé hurler sans tenter de le calmer. En tout cas, cela a été impossible pour moi au moins les quinze premiers mois de sa vie. Plus tard, il m'a été possible de faire un peu la part des choses en fonction de certains pleurs ou du contexte dans lequel il pleurait. Mais au tout début, j'ai fini par me ranger du côté de mes tripes, influencées par ma psy et les travaux sur les neurosciences qu'elle me présentait souvent et qui démontrent que laisser pleurer un bébé seul peut, dans certains cas, laisser des traces.

Le portage : l'avoir contre soi au maximum ou pas ?

La pédiatre me dit :
— Le portage c'est bien, mais pas tout le temps. Votre bébé doit effectuer des exercices de motricité et découvrir ses possibilités en étant sur un tapis d'éveil. Donc laissez-le un peu seul sur ce tapis pour qu'il ait cette opportunité. Vous pouvez même le guider dans les exercices de motricité comme ceci ou comme cela....
La psy me dit :
— Votre bébé finira par marcher tôt ou tard. Les exercices de motricité ne servent pas à grand-chose. Qu'est-ce que cela représente pour lui d'être sur un tapis tout seul contre le bonheur et la sécurité d'être contre sa maman ? Je crois que c'est vite vu ce qu'il y a à faire pour le structurer et le rendre sécure, non ?
Mon corps me dit :
— C'est cool de l'avoir en porte bébé ce petit chat. Je sens son odeur, je sens sa chaleur, il est à portée de bisous. Il est doux mon bébé. Je voudrais le garder en porte bébé toute la journée. Et puis comme ça j'ai les mains libres aussi.
Ma tête me dit :
— Vas-y poulette, laisse-le en porte bébé toute la journée et il ne voudra plus jamais être seul par terre. Il va être en retard par rapport aux autres bébés pour marcher, il va être fusionnel avec toi et puis, tu le vois déjà, on s'interroge sur le fait que ton bébé est « collé à toi ».
Même scénario ici : prise entre mes envies, le bon sens, le contre-intuitif et ce que l'on disait de moi, j'ai mis du temps à choisir ce que je voulais faire avec mon bébé. C'est un mixe de mon corps et de la pédiatre qui ont gagné sur ce coup-là : j'aimais bien avoir mon bébé contre moi, mais j'aimais bien le voir explorer et progresser sur un tapis.

Le dodo : sur le ventre ou sur le dos ?

Contexte particulier dans mon cas, car les premiers jours à la suite de mon accouchement, mon fils ne dormait pas s'il était en dehors des bras. Au bout de quelques jours, j'ai décidé de le faire dormir sur moi, en peau à peau et ce pendant les trois premières semaines de sa vie. Tous les soirs, il était sur le ventre contre moi, semi-assise, semi-allongée, avec mon fils bloqué entre mes bras et mon coussin d'allaitement qui nous entourait. Une pratique totalement interdite par les professionnels de santé car « C'est trop dangereux ! On peut l'écraser ! ». Malgré leurs mises en garde, j'avais la conviction que mon bébé était capable de tourner sa tête, puisque je l'avais vu faire, et qu'il ne risquait rien parce que je n'allais pas l'écraser. De plus, les premières nuits contre mon fils sont gravées en moi. Cela fait partie du meilleur de mes débuts de maman et je suis sûre que l'apaisement que cela m'apportait était bénéfique pour mon fils. Plusieurs fois par la suite, quand j'avais du mal à m'endormir, je me concentrais et repensais à ces sensations quand mon bébé était assoupi contre moi, nos respirations synchronisées, son souffle contre ma peau et ses petites mains qui m'attrapaient. Cela me détendait profondément et m'apportait beaucoup de bien-être. Après l'accouchement que j'avais eu et cette façon trop brutale de nous séparer, nous avions eu le luxe de nous coller l'un contre l'autre pendant encore trois semaines, à chaque sieste, à chaque nuit. Cela m'a aidé à me reconstruire et à gommer une partie du quotidien que je trouvais difficile.

Par la suite, mon fils avait de fortes coliques les premiers mois de sa vie. Il pleurait énormément et ne s'endormait pas s'il était sur le dos. Il pouvait somnoler vingt minutes puis il se remettait à pleurer en se tortillant. Sur le ventre par contre, je ne sais par quel miracle, il pouvait dormir trois à quatre heures de suite. Peut-être que cela calmait les coliques ou peut-être aussi qu'il avait pris l'habitude de dormir sur le ventre quand il était contre moi. Là encore, j'ai été critiquée sévèrement par ma pédiatre et d'autres personnes sur ce point : « Changez vite cette habitude qu'il a ! », « Inconsciente ! », « Irresponsable ! ». Satan tant que vous y êtes. La position sur le dos ne convenait pas à mon fils et donc à fortiori, elle nous empêchait de dormir mon mari et moi aussi. Je me souviendrai toute ma vie de cet ami qui m'a dit un jour, après un long speech sur la mortalité infantile, « qu'il valait mieux un bébé qui ne dort pas qu'un bébé mort » ...sans blague. Un autre m'a dit qu'il valait mieux « des parents qui ne dorment pas que des parents endeuillés ». Je vous jure que l'on m'a dit cette phrase mot pour mot. J'en passe et des meilleures. C'est la seule thématique de ma maternité sur laquelle j'ai choisi de concert avec mon mari, de faire ce dont nous avions envie et d'en assumer les risques. J'avais confiance en mon bébé et j'avais appliqué les mesures de sécurité (rien dans le berceau, température comme il faut, etc...) mais ne pas dormir et se réveiller toutes les vingt minutes n'était pas possible pour nous. Je suis certaine que les études et prescriptions scientifiques qui recommandent de faire dormir un bébé sur le dos sont fondées, mais j'ai trouvé abusif de me dire que j'étais un monstre si je faisais autrement. À une époque, on préconisait bien d'endormir les bébés sur le ventre. J'ai été très soulagée de lire un jour sur un blog, le témoignage authentique et poignant d'une maman qui racontait que oui, son bébé dormait sur le ventre, mais que c'était ça ou elle sautait par la fenêtre tellement elle était en détresse de ne pas dormir. Comme quoi, chaque expérience est unique. Si on a la chance de coller aux normes tant mieux, c'est un tracas de moins. Mais si on ne peut pas, pas de stress, ça peut marcher aussi. Et point important aussi, si les parents ont envie de se faire du mal ou d'étouffer leurs enfants par manque de sommeil (il est prouvé que le manque de sommeil rend fou), ce n'est pas une situation

d'avenir pour les enfants non plus... Vu mon niveau de stress lié au fait d'écouter les conseils des autres et mon incapacité à trouver ma voie, j'ignore encore aujourd'hui pourquoi sur la question de la position de sommeil de mon fils j'ai tout envoyé valser et fait ce qui me semblait bon. J'aurai dû le faire pour chacune des thématiques de la maternité. Était-ce la fatigue, seul paramètre pour lequel mon cerveau reptilien reprenait le dessus car j'étais en mode pilotage automatique quand je ne dormais pas assez ? Était-ce l'appui de mon mari particulièrement sur cette thématique ? Était-ce le « foutu pour foutu » ? Vu que je me sentais déjà comme une maman en échec, un peu plus ou un peu moins....
Je me souviens du jour où le dossier fut clos : mon fils avait trois mois et je l'emmenais pour la première fois chez la nounou. Elle m'avait dit qu'elle n'avait pas le droit de faire dormir les enfants sur le ventre. Paniquée, je me suis dit que c'était foutu. Elle m'a rassurée tout de suite et m'a dit « Vous savez ? Des enfants comme le vôtre j'en ai vu plein. Il y a une technique simple pour qu'ils dorment sur le dos : vous le laissez s'endormir sur le ventre une demi-heure et puis vous le retournez ». Ben ça alors, je n'y avais jamais pensé. J'aurai craint qu'il se réveille au bout de vingt minutes. Mais ça a très bien marché avec la nounou en tout cas. À quatre mois, mon fils a commencé à se retourner seul et peu importe comment on l'installait, le matin on le retrouvait toujours...sur le ventre.

Une liste de thèmes encore longue

Où est-ce que votre enfant dort ? Avec vous ? En co-dodo, dans sa chambre ? Et attention qu'il ne prenne pas telle ou telle habitude ! Comment vous lui donnez le bain ? Comment gérez-vous les colères (caprices ou pas, fessées ou pas, punitions ou pas...) ? Quand commencez-vous la diversification alimentaire et comment ? Il est trop petit, il est bien assez grand, il doit le faire seul avec ses doigts, il faut lui donner de la purée à la cuillère, qu'un seul type d'aliment à la fois...Et il y en a encore et encore des sujets sur lesquels on m'a dit tout et son contraire et où j'ai ressenti des émotions et intuitions en décalage. À nous dire comment tout faire, je ne sais pas si notre entourage se rend compte que cela n'aide pas une jeune maman à prendre confiance en elle. Il me semble que, sans rien expliquer à une maman, elle saurait trouver comment laver son bébé avec sa méthode à elle sans le noyer, elle saurait s'il est mieux de le garder avec elle pour dormir ou pas... Ou bien peut-être que je ne m'en rends pas compte et que beaucoup de mamans ne savent vraiment pas ce qu'il faut faire, au détriment de leur enfant. Peut-être que les professionnels de santé ont des statistiques alarmantes sur le nombre de mamans qui ne savent rien faire et que c'est pour cela que dans le doute, ils ont tout normalisé et fait une seule règle, une seule méthode. En tout cas, vous l'aurez compris, j'ai été longtemps perdue dans ce que je devais faire ou non avec mon bébé. Les décisions qui appartenaient à mon mari et moi étaient difficiles à pendre car on ne savait pas quelle était la bonne réponse à une situation (pensant à l'époque qu'il y avait une bonne réponse unique). Ainsi, on devait faire un choix parmi tout ce que les gens nous avaient conseillé et l'appliquer. Je me souviens que souvent je préférais suivre les avis des professionnels de santé ou de ma psychologue car cela me rassurait d'avoir un cap. Un jour la pédiatre m'a dit de laisser pleurer mon fils dix à vingt minutes le soir avant de s'endormir. Et je l'ai fait, sûre de moi car c'était mon nouveau cap. Ça a duré quatre jours car mon fils ne s'endormait pas mieux du tout et je ne supportais pas ses cris. Ce n'était pas la bonne solution pour mon fils et moi. Puis plus tard quand ma psy m'a dit de ne pas le laisser pleurer, idem je l'ai écouté car j'avais encore une fois un cap. Comme si c'était plus facile quand la décision n'était pas prise par moi. Peut-être était-ce moins dur d'assumer la responsabilité si ça n'était pas une décision adaptée puisque ce n'était pas la mienne. Combien de fois j'ai entendu des mamans me dire « Ben les pédiatres nous ont dit ça à l'époque, donc on l'a fait », me faisant réaliser que je n'étais pas la seule à préférer les caps (mauvais ou non) à mes propres choix et intuitions. Tout cela étant basé évidemment sur la peur de se tromper, mais j'y reviendrai plus tard dans le paragraphe de ma peur de ne pas être une bonne maman ou mon envie d'être une maman parfaite. Vous savez ? Celle qui ne se trompe jamais et qui, du coup, n'existe pas.

En conclusion, si ce chapitre vous a fatigué, submergé d'informations, que vous l'avez trouvé un peu long et inconfortable, pari réussi. Je me suis sentie exactement comme ça dans mes débuts de maman. Autant dire que le combat des doutes et la pollution de la contradiction m'ont ravagée. Mais que fallait-il faire bon sang ? Quelle était la bonne solution ? Est-ce qu'il y avait une seule solution ? Devais-je m'écouter ou les écouter ? En tout cas, à chaque fois j'ai remarqué dans que dans les discours des gens, les solutions étaient en général tranchées et radicales :
– On laisse pleurer à chaque fois, ou jamais ;
– On porte un maximum, ou un minimum ;
– On fait comme ceci ou cela, sinon c'est bien ou mal de A à Z ;

Je réalise avec le recul que très rares ont été les personnes qui ont essayé d'en savoir un peu plus en me demandant par exemple « OK, alors expliquez-moi déjà comment est votre bébé par rapport à cette thématique ? Comment réagit-il ? Qu'est-ce que vous vous en pensez ? ». Ceci aurait permis de me rappeler deux principes de base : c'est moi qui connais le mieux mon bébé et chaque bébé est unique. Ainsi, LA méthode à appliquer n'existe pas. Très peu ont été dans la nuance avec moi pour ce qu'il fallait faire ou non. Est-ce par convictions ? Est-ce qu'ils en avaient une expérience particulière ?

Je ne sais pas.

Un examen permanent venant appuyer sur mes blessures

En plus des nombreux conseils que j'ai reçus, j'ai eu le sentiment d'avoir été la cible de jugements incessants. J'avais l'impression d'être en perpétuel examen et cela a représenté une pression psychologique que j'ai parfois ressentie comme étant violente. C'est comme un contrôle continu que j'ai eu la sensation de passer en permanence parce que les autres s'autorisaient une position de juge. Bien souvent, les remarques n'ont pas été directes, mais elles m'ont été posées sous forme de questions rhétoriques, comme un examinateur me regardant par-dessus ses petites lunettes et me testait pour voir si j'apportais la bonne réponse ou si j'allais tomber dans le piège :
— Quoi ? Il prend encore un biberon la nuit à sept mois ?
— Ah...toi tu fais comme ça pour lui changer la couche ?
— Tu le prends dans tes bras à chaque fois qu'il pleure ?
— Ah bon ? Tu tires encore ton lait et allaites à cinq mois ?
— Mais enfin, tu mets de la crème fraîche dans son assiette à tous les repas ?
J'ai trouvé cette position semblable à une élève qui passe une épreuve très désagréable, épuisante et vexante. Il est déjà très difficile dans la société de ne pas se sentir jugée au quotidien et de réussir à s'émanciper de ce que les autres pensent pour trouver une certaine forme de liberté, un certain bien-être avec soi-même et nos actions. Mais là, avec la maternité, c'est le jugement qui s'invite chez moi. Là, sous mon nez, sans aucune prise de recul ou de considération, on s'autorise à insinuer que je fais mal, que je fais de travers, que je me trompe, que je ne suis peut-être pas assez bonne ou à la hauteur, que peut-être je n'ai pas remarqué ou que je ne me

suis pas posée les bonnes questions, puisque finalement, on me les repose. Et cela oui, c'est un climat que j'ai trouvé pesant et parfois à la limite de la violence.

Cela m'a donné l'impression que certaines personnes oubliaient les bases. Rarement quelqu'un viendra chez vous vous dire :

– Ah... tu as acheté des assiettes de couleur jaune toi ?

– Tu ne prends pas la main de ton amoureux quand tu marches dans la rue à chaque fois ?

– Mais enfin, tu ne nettoies pas ta maison tous les dimanches ?

Rarement on tombe sur des personnes qui nous posent de telles questions, et soyons clairs, si cela peut nous agacer dans n'importe quel domaine de notre vie, cela peut aussi agacer certaines mamans concernant le « comment faire avec son bébé ».

J'ai fini par comprendre qu'il y avait deux choses derrière cette difficulté que je vivais avec les autres. Premièrement, ces questions et les incompréhensions qui leur sont inhérentes apparaissent car les autres parents constatent que je fais différemment d'eux et cela peut soulever des inconforts ou questionnements chez eux : Si je choisis de faire différemment d'eux, est-ce que cela voudrait dire qu'ils puissent avoir mal fait ? Deuxièmement, l'inconfort et l'âpreté que j'ai ressenti face à ces questions sont en lien avec mes propres blessures.

La manière dont les échanges avec mes proches qui ont déjà des enfants se sont transformés m'a frappé. Pour beaucoup d'entre eux, il y a une envie très sincère de partager leur expérience, comme un besoin (un plaisir aussi) de raconter, de se remémorer ce qui leur était arrivé. En discutant de ces sujets, on se sent dans le même bateau. On est passé de l'autre côté maintenant, comme eux. L'expérience de parents est un sujet remarquable sur lequel il est agréable de partager, la plupart du temps. Parfois surgit brutalement dans la conversation un intrus, un constat que l'on n'avait pas envie d'inviter dans les échanges et qui pourtant à un moment donné se révèle : la différence... et elle nous en raconte beaucoup sur nous.

– Ah bon ? Tu fais comme ça ? Moi je ne faisais pas comme ça et ça s'est très bien passé...

– Quoi ? Tu ne lui donnes pas d'eau parce que tu allaites ? Moi je lui en donnais...

– Tu t'es renseignée sur la méthode Montessori ? Mais c'est n'importe quoi ces méthodes à la mode, moi j'ai fait sans et mes enfants ne sont pas morts.

Et voilà comment une conversation qui aurait pu être riche d'échanges, qui avait tout pour être constructive et dans le partage, l'empathie, se transforme en un discours de « Pourquoi tu ne fais pas comme moi ? », doublé d'un « Après tout, moi j'ai réussi ». Ceux qui ont déjà eu des enfants, sous prétexte que ces derniers sont vivants et ne sont pas des « cas sociaux », affirment qu'ils ont eu raison de faire comme ils ont fait. À en entendre certains, faire différemment serait soit une grosse erreur de notre part, soit un excès de zèle, une fioriture, un mode d'éducation nouvelle à proscrire car elle n'existait pas à leur époque. Combien de fois j'ai entendu du mal de la méthode Montessori par des gens qui ne savaient même pas ce que c'était ? Combien de fois j'ai entendu des critiques sur l'éducation positive alors que moi, m'en rapprocher en piochant quelques idées a clairement amélioré ma relation avec mon fils ? C'est comme si faire différemment remettait en doute leur savoir, leurs repères, leurs convictions ou leurs valeurs. Pour les proches parents, c'est même comme si faire différemment d'eux revenait à leur reprocher leur façon d'avoir fait avec nous. Il semble y avoir une immense frustration pour nos proches déjà parents de ne pas pouvoir passer leurs savoir et expériences. Ils semblent vexés de ne pas être écoutés. En contrepartie, cela peut donner aux jeunes mamans le sentiment de devoir se justifier en permanence sur les choix qu'elles font. En tout cas, c'est ce que moi j'ai ressenti. Il est facile d'oublier que chaque bébé est différent et chaque parent est différent. Il n'y a donc pas de recette universelle ni de guide de « comment faire avec son bébé ». Ce n'est pas parce que cela a fonctionné pour eux que ça fonctionnera pour nous ou que cela nous conviendra. De plus, la différence n'est pas une attaque ou un affront. Cela ne signifie pas que tout ce que les autres ont fait avant était mauvais ou nul. On peut faire différemment parce que certaines méthodes ne nous conviennent pas, ou parce qu'elles ne conviennent pas à nos enfants. On peut faire différemment aussi parce que nous faisons ce que nous pouvons et en plus, parfois, nous ne pouvons pas faire autrement. Je tiens ainsi à rappeler que les jeunes mamans n'ont pas à se justifier sur leur choix. Leurs décisions et principes d'éducation ne regardent qu'elles, leur moitié et leur bébé. Comme dirait ma psy : « De quoi je me mêle ? ».

Je me suis donc dit qu'un conseil qui ne répondait à aucune demande n'était pas toujours bon à dire. Surtout que quand il s'agit de donner un conseil, il est rare d'avoir la sagesse de se détacher du résultat et les gens s'attendent (ne serait-ce qu'un petit peu) à ce que vous les écoutiez. Je suis sûre que beaucoup de parents possèdent un savoir précieux construit avec l'expérience de leurs enfants. Leurs récits, leurs histoires, anecdotes, outils développés et compromis trouvés, sont autant d'aides qu'un jeune parent pourrait recevoir. Prise de recul, sentiment de partage, d'appartenance et compréhension peuvent en découler. Mais si ce discours est basé sur la peur de voir leurs propres enfants ou proches faire différemment d'eux, la peur de se remettre en question ou la peur qu'on leur fasse des reproches, on tombe dans les questions-juges et cela ne relève plus du même type d'échanges.

Ceci dit, après ce petit passage bien amer, c'est à mon tour de me poser une question : Avais-je la possibilité de réagir différemment face à ces remarques et ces questions de la part de mon entourage, de les prendre autrement que des remises en question de ma valeur ou d'être vexée ? Eh ben, bien sûr que oui...

J'ai vécu les remarques et questions de mes proches comme une non-acceptation de ma différence, une remise en question de ma valeur de maman et cela m'a blessé car je n'avais moi-même pas confiance en moi et n'étais pas persuadée de ma valeur de maman. La maternité et ce que l'on y vit, le lien que l'on a avec notre bébé, les sentiments que l'on ressent, le lien avec les autres, parlent de nous, pour ne pas dire : uniquement de nous. Ces échanges avec mes proches m'ont révélé un peu plus mes faiblesses et m'ont aidée à en apprendre davantage sur moi. Ces interactions m'ont blessée en grande partie parce que j'avais peur de mal faire, peur d'être jugée. Je luttais déjà contre le sentiment d'être une mauvaise mère ou une mère pas assez bonne, alors, tout ce qui me renvoyait à cette croyance était sensible. De plus, j'avais besoin de soutien et de reconnaissance dans mes choix et mes actions avec mon enfant. Puis pour terminer, je n'aimais pas me sentir infantilisée. J'avais besoin que l'on respecte l'intimité de mes choix, une limite que j'ai mis du temps à faire respecter. Voilà les points faibles que j'avais et sur lesquels un simple « Ah bon ? tu fais comme ça toi avec ton bébé ? » me donnait envie de mordre plutôt que de répondre sereinement et par curiosité sincère « Oui je fais comme ça, pourquoi toi non ? ». Voilà pourquoi, quand les avis se braquent sur l'éducation positive, au lieu de laisser couler (ce que j'aurais fait si j'étais sûre de mon projet), je me sentais jugée comme une farfelue, inconsciente de ce qu'il fallait faire avec mon enfant ou pas, victime des modes d'éducation de nos jours. L'échange est fertile si chacun fait sa part du chemin, c'est cinquante-cinquante. Et même si en face, quelqu'un peut être vexé de voir que je ne fais pas comme lui avec mon enfant, il m'est tout à fait possible de le prendre avec humour et détachement si cela ne vient pas appuyer sur mes points faibles à moi. Face à des remarques ou questions, bien des femmes ne ressentiront pas de mépris, ou en tout cas ne s'en formaliseront pas, parce qu'elles n'ont pas les mêmes blessures que moi. D'autres, comme moi bondiront au plafond et brandiront des pancartes dans la rue « Nous sommes de bonnes mères qui savent ce qu'elles font alors STOP aux conseils ! » parce qu'elles traineront derrière elles la même valise à problèmes que moi. Alors je nuance mon propos en disant que les conseils donnés à des jeunes mamans, ça peut être une bonne idée, mais gare aux jeunes mamans blessées qui n'ont pas confiance en elles : avec les conseils, elles voient rouge !

Je pense aussi que le niveau de conscience de la société sur les enfants et l'éducation évolue au fil des générations et cela pèse lourdement dans les échanges de points de vue. En me renseignant beaucoup sur la parentalité et la petite enfance, je me suis rendue compte de la quantité de travaux et d'avancées qui avaient pu être faits dans le domaine des neurosciences et sur le cerveau des nourrissons et enfants particulièrement. On sait aujourd'hui grâce à des imageries, des tests, des résultats sur le long terme (certaines études ont même suivi des nourrissons jusqu'à l'adolescence) comment se développe le cerveau d'un bébé, comment il fonctionne et quel est l'impact de certains actes (répétés ou non) des parents sur ce dernier. C'est ainsi que l'on sait maintenant et que l'on commence tout juste à entendre que :

— Le nourrisson ne sait pas qu'il est différent de sa maman ;

— Le stress (répété dans le temps ou à trop forte dose une seule fois) peut endommager le cerveau d'un bébé ;

— Les caprices sont une mécanique cérébrale impossible pour un enfant en bas-âge vu la maturité de son cerveau ;

— Un enfant en bas-âge ne sait pas gérer ses émotions ;

— Un nourrisson peut ressentir de l'angoisse : il ne suffit pas d'une couche propre et d'un ventre plein pour être bien.

Si le « comment faire avec ses enfants » reste une question sans réponse universelle, on a aujourd'hui des clés pour faire un peu mieux, car on en sait un peu plus sur la petite enfance. Ce que je trouve dommage c'est qu'il y a encore beaucoup de personnes qui ignorent ces études et leurs résultats. Il y a une vraie inertie de la société qui continue de véhiculer des messages sur l'éducation, basées sur des croyances non fondées comme :

– Prendre un enfant qui pleure c'est céder à un caprice (et cela sans même envisager les différences de situations, d'enfants ou d'âge...) ;

– Le garder dans nos bras fait de nous des mamans poules et fait d'eux des enfants dépendants ;

– Le faire garder pour une soirée de temps en temps fait de nous des mères qui ne voulons ou ne savons pas nous occuper de nos enfants ;

– Éviter les conflits en faisant un jeu ou une distraction par rapport à un « non » frontal et autoritaire est une preuve de faiblesse, de fuite ou de laxisme.

Il y a encore cette croyance qu'un enfant se dresse. Qu'on a le « droit » de lui crier dessus ou de le frapper, même si les fessées sont interdites par la loi depuis. Si ça arrive a beaucoup de parents (et j'avoue totalement que ça m'est malheureusement déjà arrivé), ça devrait ne pas être la norme pour éduquer un enfant. Ce ne sont juste que des ingérences de notre part concernant nos émotions et nos traumas. Les enfants ne peuvent et ne doivent pas être tributaires de cela. Bien sûr qu'une petite gifle n'a jamais « tué personne » mais si c'est choquant entre deux amants, ça devrait l'être d'autant plus entre un parent et un enfant.

Ainsi, il peut être facile de se sentir jugée ou de céder à la pression de tous ceux qui nous disent ce genre de préjugés. Combien de fois m'est-il arrivé de sévir avec mon fils bien plus qu'à mon habitude ou bien plus que nécessaire en public ou en famille histoire de montrer que « Alors c'est qui la patronne ? ! Chez moi aussi ça file droit hein ! ». J'essaie de me rappeler à chaque fois que le regard des autres ne doit pas aliéner ma parentalité et que j'ai le choix, mais cet apprentissage est long chez moi. Surtout que mon dernier challenge sociétal a été de ne pas me sentir dévalorisée par rapport au papa aux yeux des autres.

« Waouh... il s'occupe super bien de son fils, tu en as de la chance ! ! ».

Cette phrase, je l'ai entendue très souvent pendant les premiers mois de vie de mon fils. Chanceuse que je suis me direz-vous ! Eh bien pas que. J'ai assez mal vécu pendant les premiers mois de mon fils le fait que son papa passe pour un héros en public à la moindre action, alors que moi la maman, ce que je faisais était « normal ». Je me souviens de cette soirée où j'avais invité ma famille à la maison. Mon fils avait un mois. Il s'avère que c'était ce même jour que ce dernier avait décidé de préférer le biberon à mon sein. Je tirais mon lait et allaitais en même temps à l'époque et le biberon l'a emporté. Cet événement m'avait bouleversée. Je voyais mon objectif d'allaitement long s'envoler. Je vivais ce choix de mon fils comme un échec total doublé d'un rejet. Ainsi, pas besoin de vous faire un dessin, c'était une journée bien difficile et cela se voyait sur mon visage. Au moment où la famille est arrivée, mon mari s'est occupé de mon fils un peu plus pour que je puisse être avec les invités. Et là, ça m'a frappé en plein visage, cette admiration puissante que ma famille a pu porter à mon mari. Effectivement il avait l'air bien, posé, fier et épanoui d'avoir son fils dans les bras. Il incarnait le papa idéal, le papa moderne. Il y a eu pléthore de compliments à son égard ce soir-là (dits devant lui ou en aparté avec moi). Et moi, de mon côté, en plein deuil de l'allaitement, ce lien si particulier avec mon enfant et ce sentiment d'être spéciale pour lui, ressentant de la peine et de la difficulté, j'ai hyper mal vécu ce moment-là. Ce soir-là, mon mari était bien loin de ce genre de problème d'allaitement. Bien loin de la fatigue physique et mentale que je pouvais ressentir. Bien loin des questions de séparation et de fusion avec son fils qu'on n'avait pas fait sortir de ses entrailles deux mois auparavant non plus. Et tandis que les regards, à la limite de la pitié et de la gêne, se posaient sur moi, ceux plein de paillettes et d'émerveillement se tournaient vers mon mari. J'ai ressenti une immense injustice à ce moment-là. Mon mari est un bon père, aucun doute là-dessus, mais son éloge m'a paru tellement démesuré par rapport à ce que je traversais depuis l'accouchement et l'effort que cela me demandait de, ne serait-ce que, tenir debout parfois. Chacun des gestes de mon mari était remarqué tandis que les miens semblaient appartenir à une zone d'ombre, celle de l'implication normale d'une maman. À ce moment-là sur mon visage se lisaient l'échec de mon combat pour l'allaitement, les cauchemars de mon accouchement qui revenaient régulièrement, mon périnée en maison de retraite pour quelques temps, mes doutes de maman épuisée à qui on demande beaucoup après qu'elle ait tant donné le jour de la naissance de son bébé. Ça m'est revenu plus tard avec une femme qui m'a dit « Ton mari était là à ton accouchement ? Estime-toi heureuse, c'est un papa exceptionnel ! ». Mais paaaaardooonnn ? ? ? Quand on est papa il suffit juste d'être présent à l'accouchement et on est exceptionnel ? ? ! ! Belle claque ce jour-là...

Évidemment que ce chapitre reflète au fond un manque de reconnaissance et un besoin d'égalité et de justice qui m'appartiennent (Tiens j'en apprends encore sur moi...). Pour autant je suis sûre qu'il est partagé par plusieurs femmes qui ont pu vivre des situations similaires vis-à-vis de leur moitié. Il n'y a pas de compétition entre homme et femme sur cette question car nous ne vivons pas la même chose à travers l'expérience de la grossesse, l'accouchement, et la parentalité. Je ne minimise pas le rôle des jeunes papas et leur vécu de tout cela. La grossesse de leur femme, l'accouchement auquel ils sont de plus en plus nombreux à assister, les premiers mois où ils sont un support pour leur femme, les nuits très courtes pour eux également...sont tout autant d'épreuves qu'ils traversent avec la parentalité. Voir sa femme hurlant de douleur se faire traverser par un enfant est une expérience qui peut laisser plus d'un père traumatisés aussi. Mais la grossesse et le fait d'avoir un enfant ne passe pas par leur corps. La fatigue physique ou émotionnelle n'est pas du tout la même. D'un point de vue social nous sommes tous les deux au même statut : celui de parent. Donc les gens ne peuvent s'empêcher de nous comparer. Pire encore, il y a une idée reçue qui est que la maman qui s'occupe de son enfant est une personne normale et le papa qui s'occupe de son enfant est une personne géniale. Cette injustice que j'ai ressentie, mon mari a eu beaucoup de mal à la comprendre.

Ce que j'ai appris sur moi à travers ces défis liés à mes nouvelles relations sociales

Le sentiment de dévalorisation en communauté m'a touchée de plein fouet en devenant maman. Jamais auparavant dans ma vie je n'avais eu l'impression de me sentir autant scrutée et jugée. Jamais je n'avais eu l'impression d'être en décalage ou à contre-courant de la plupart des gens et me comparer à mon mari ne m'avait jamais effleuré l'esprit. Mes interactions sociales des premiers mois, centrées sur la maternité et mes propres blessures m'ont donné le sentiment de ne plus être la même aux yeux des autres. Si j'avais eu confiance en ma valeur de maman, que je n'avais pas la trouille de mal faire et que je ne doutais pas en permanence, j'aurais pu relativiser et ne pas me laisser atteindre par des questions, remarques, voire même des réflexions désagréables. Il m'a manqué de l'aplomb et une dose d'estime de moi pour traverser sans écueil ses conversations autour de ma nouvelle maternité. Cela dit, je note quand même que j'ai rencontré beaucoup de jeunes et moins jeunes mamans qui ressentaient exactement les mêmes désagréments que moi et qui avaient la même colère quand on leur disait comment faire avec leur bébé. Je pense donc que nous sommes une proportion non négligeable de femme à avoir un besoin de reconnaissance, de respect de nos choix et de valorisation. Surtout que nous avons certainement un souci excessif de bien faire avec nos enfants, particulièrement avec le premier, et que la vulnérabilité dans laquelle nous sommes plongées pendant le post-partum nous rend fébriles.

Après tous ces conseils, souvent contradictoires, je me suis sentie perdue et je n'ai plus su quoi faire avec mon bébé, summum de la dévalorisation pour une maman censée avoir une aptitude innée pour s'occuper de sa progéniture. J'aurais aimé que l'on m'encourage à m'écouter et à trouver ma voie car chaque femme et chaque bébé est unique. Cette phase d'adaptation au nouveau rôle de maman avec des lignes brouillées m'a donc mise dans un mal-être dérangeant. Avec cette expérience, je peux donc rajouter à la liste de ce que je découvre sur moi que :

– Je ne suis pas sûre de bien faire avec mon enfant ;

– Je place ma valeur de mère dans le regard des autres (regards gênés = mauvaise maman, applaudissements = bonne maman) ;

– Je préfère les caps définis par d'autres, même s'ils ne me conviennent pas plutôt que d'assumer un cap seule parce que j'ai peur de me tromper et d'en assumer la responsabilité ;

– J'ai besoin de reconnaissance dans mon rôle de maman, d'être

validée et approuvée. Que mes efforts soient reconnus ;
– J'ai besoin de soutien dans mes choix.

Une maman qui se sentait dévalorisée au travail

Après trois mois de congés maternité hors-sol, ce jour est enfin arrivé : mon retour au bureau ! À l'époque de ma première grossesse j'étais responsable de projet. J'étais super contente de reprendre mon travail. Fini les couches, bercements, bains, allaitement et compagnie, j'allais de nouveau être autre chose qu'une maman ! Je me souviens que le premier jour, j'ai senti un grand soulagement et l'impression d'avoir les bras enfin libres. J'allais revoir mes collègues, profiter de la pause-café, reprendre mes coups de téléphone, mes réunions, mes négociations et mes mails ! J'étais surexcitée. Mais un peu comme l'histoire de toute ma maternité, les choses ne se sont pas passées comme prévu.

Lors de mon absence, il s'avère que mes responsabilités et ma charge de travail ont été transférées à mon binôme. J'étais la responsable principale du projet et elle était la responsable secondaire car fraîchement arrivée dans le service. Quand je suis revenue, je souhaitais faire le point sur l'avancée des différentes missions pour voir où reprendre le travail que je faisais habituellement. Sauf que voilà, j'apprends que désormais je ne traiterai plus les mêmes thématiques qu'avant, celles à enjeux, mais que je traiterai plutôt les thématiques secondaires. Je ne serai plus destinataire principale des mails importants, je n'allais plus organiser et tenir les réunions avec les partenaires, je n'allais plus retrouver mes missions d'avant départ en congés maternité. Un peu abasourdie je me suis dit que c'était à cause d'un élément de contexte particulier : dans mon secteur, les agents sont invités à changer de poste tous les trois ou quatre ans. Mais un agent pouvait tout à fait choisir de rester plusieurs années supplémentaires. Quand je suis revenue de congés maternité, j'avais trois ans et demi de poste. Je me suis dit que, peut-être, le transfert des compétences était dû au fait que pour ma boite j'étais un profil sur le départ ? Même si la pilule était dure à avaler, je l'aurais acceptée. Mais mon binôme m'a dit, à la suite de la réunion de mise au point, « Ah non c'est pas du tout parce que tu as trois ans de poste. La répartition a été décidée comme ça car tu partais en congés maternité et qu'il aurait été trop compliqué de rebasculer les missions ensuite, je suis désolée ». La douche froide, mon cerveau était complètement embrumé. Je me souviens que ma première réaction a été de la colère envers mon fils et la maternité : accoucher m'avait coûté cher, le post-partum était un calvaire, la maternité m'avait supprimé ma liberté, mon sommeil, mon bien-être et maintenant je perdais l'intérêt de mon boulot à cause de ma grossesse ? ! Encore un sacrifice de plus ? Encore une déception de plus ? Non ! Je ne l'acceptais pas. C'était trop dur à avaler. Je ressentais une telle injustice, un dégoût total. J'avais une photo de mon fils sur mon bureau que j'ai tout de suite mise dans un tiroir tellement la rage d'avoir tant perdu en devenant maman était grande. Et évidemment j'ai pleuré. Mais rapidement, j'ai réalisé que les responsables de cette situation n'étaient ni mon fils, ni ma grossesse. C'était bien un choix de ma hiérarchie. Il a fallu que je m'explique avec eux, j'en avais besoin. J'ai demandé un entretien et ils m'ont expliqué que mon binôme avait été mise sur le devant de l'opération pendant mon absence de cinq mois et qu'ils ne voulaient pas apporter de la confusion à tous les partenaires en changeant de nouveau le responsable principal d'opération. Pour ménager ma susceptibilité, ils m'ont dit ensuite que ça serait plus facile pour moi au niveau de la reprise, que ça serait une opportunité de transférer les compétences si je voulais changer de poste et que mes compétences « bien connues du service » étaient précieuses pour les tâches secondaires complexes à leurs manières. Mais quelle arnaque ! Quelle blague !

Déjà, quelle était la confusion dont ils parlaient ? Celle d'expliquer à nos partenaires que la chargée d'opération dont le ventre était prêt à exploser était en fait enceinte et qu'après son congé maternité légal elle allait revenir ? Je ne voyais rien de biscornu à la démarche. De plus, je savais bien que les tâches secondaires étaient parfois difficiles, mais ce n'était pas cela qui m'épanouissait dans mon travail. C'étaient les réunions à enjeux, le pilotage des marchés, les négociations avec les partenaires locaux, c'était de décider des sujets à traiter en réunion sur le projet que j'avais piloté depuis trois années. C'était le projet que j'avais porté en réunion publique. C'était mon projet...et maintenant ça ne l'était plus.

Je ne m'étais jamais sentie concernée par tout ce que vivaient les femmes qui témoignaient à la télé. Celles qui rencontraient dans leur parcours des épreuves ou des discriminations parce qu'elles étaient des femmes ou des mères, et maintenant tout cela se passait sous mon nez, juste là. Je me suis demandée pourquoi ? Pourquoi avais-je eu mon poste modifié à cause de ma grossesse ?

C'est en discutant un jour avec une amie qui a vécu le même tracas que moi en retour de congé maternité et en écoutant le récit de l'argumentaire de ses chefs que je me suis rendue compte de ce que peut représenter le statut de « jeune maman » dans le monde du travail. On considère qu'une femme qui tombe enceinte, qui part en congés maternité et qui revient (parfois) à quatre-vingts pour cent comme un poids. Pire encore si elle est en arrêt pour congés pathologiques au cours de sa grossesse. En effet, de prime abord, on peut y voir un manque d'effectif pendant cinq mois dans une équipe, que l'on peut difficilement combler. On ne peut pas recruter dans tous les milieux facilement pour une durée si courte en espérant avoir un agent efficace pour une tâche. Et pendant l'absence de cette femme enceinte la charge de travail reste la même. Je comprends ce raisonnement qui est tenu par des chefs de service.

Avec cet état d'esprit d'entreprise, c'est bien souvent que certaines femmes annoncent leur grossesse à leur supérieur hiérarchique la boule au ventre, craignant de voir les yeux se lever au plafond et les soupirs fuser. Ainsi, si on continue à ne voir que le superficiel, l'organisationnel et la productivité, une jeune maman qui revient au travail est vue comme moins efficace car on suppose que très probablement :

– Elle ne dort pas très bien et est fatiguée ;

– Elle peut avoir les nerfs à vif ;

– Elle n'a pas la tête aussi libre qu'avant pour ne penser qu'à son travail ;

– Elle aura des contraintes horaires (nounou, crèches...)

– Etc...

Ainsi, après avoir mené mon enquête, plus d'une femme avec qui j'ai pu discuter m'a dit que son poste avait été modifié (missions allégées, responsabilités transférées, équipes diminuées, etc....) après leur retour de congés maternité, créant beaucoup de déception, de sentiment d'injustice et de démotivation. Certaines se sont battues pour récupérer leur poste comme il l'était avant quand d'autres ont capitulé.

Pourtant la grossesse d'une femme et son articulation avec le monde du travail est une vraie question que la société s'est déjà posée car elle fait aujourd'hui l'objet de plusieurs lois pour protéger les femmes, leurs droits, leur travail. Il est ahurissant que la femme enceinte, et la jeune maman qu'elle deviendra, soient dans cette situation d'injustice. C'est une partie de nos carrières qui ralentit ou change à cause d'une grossesse dont on ne voit que l'aspect pénalisant à court terme dans une organisation. Mais ma réflexion et ma grille de lecture sont toutes autres.

En effet, je suis convaincue que beaucoup de jeunes mamans ont un potentiel incroyable dans une structure. Une mère est une femme qui a vécu une grossesse, transformation du corps par excellence, expérimenté l'exaltation ou la modification des émotions et des sens. À travers l'expérience de la grossesse, bon nombre de femmes en apprennent davantage sur elles et se débrouillent pour gérer dès le début la charge mentale liée à la responsabilité de porter un enfant. Elles acquièrent ainsi la faculté de continuer à mener leur vie tout en gérant le paramètre supplémentaire de leur grossesse en arrière-plan. Ensuite, elles mettent au monde leur(s) enfant(s). Cette expérience est unique et peut se traduire par une gestion de la difficulté, de la peur, de l'angoisse, de la souffrance, ou aussi d'une joie intense. Une femme qui a traversé ce genre d'épreuve a, selon moi, d'énormes ressources, un mental endurci et une certaine capacité à prioriser. Rien qu'avec cela, on peut déjà percevoir quelques compétences qu'une femme peut acquérir via l'expérience de la grossesse et de la maternité, qui sont précieuses dans la vie professionnelle. Après la grossesse, une fois jeune maman, une femme qui travaille a non seulement les mêmes contraintes que tous les autres (faire les courses, trouver ou faire à manger, prendre les transports, venir travailler, ...) mais en plus elle a un (ou deux, voire plus...) bébé(s) à charge. En même temps que tout cela, elle expérimente une extrême fatigue due aux réveils nocturnes, à l'allaitement pour certaines, au portage de leur bébé qui prend du poids...etc. Et comme si ce lot-là ne suffisait pas, la plupart d'entre nous devons faire face à notre physique différent (renouer avec le corps, le sillon entre les abdos, les seins qui ont changé de forme, les cheveux qui tombent par poignée, la peau qui change) et à des challenges émotionnels (la séparation avec son bébé, l'accouchement qui a pu être difficile pour le corps, le manque de confiance en soi par moment...). Toute l'architecture de notre mental est modifiée en devenant maman, notre cerveau se compartimente pour pouvoir tout gérer à la fois. De plus, pour ma part, je trouve que l'arrivée de mon fils m'a fait prendre un recul sans précédent sur ma vie, mon travail et beaucoup de choses du quotidien qui occupaient de façon disproportionnée mes pensées. Ainsi, autant vous dire qu'en tant qu'employeur un jour, si j'ai une collaboratrice dans mon équipe qui est amenée à devenir maman, au lieu de la voir comme un manque de productivité, un risque ou un boulet, je la considérerais comme un atout certain pour mon équipe. Je saurai que cette femme peut avoir des compétences particulières, des ressources, un sens de l'organisation, une capacité à synthétiser et prendre du recul peut-être plus facilement que d'autres personnes. Je saurai qu'elle peut également être capable de beaucoup plus d'empathie que d'autre (ce qui est pour moi aujourd'hui la clé d'une équipe qui fonctionne). Certes on peut parfois constater une période de vulnérabilité chez une femme enceinte au travail ou chez une jeune maman revenue de congé maternité dont le bébé fait probablement plus ses dents que ses nuits, mais il est inconcevable de changer ses missions, les règles et son travail en conséquence sans son consentement.

Ce que j'ai appris sur moi avec cette difficulté liée au travail

Eh bien la première chose que j'ai réalisée à travers cette difficulté professionnelle c'est que j'aimais vraiment mon travail. L'utilité, le sens et l'accomplissement que j'y trouvais faisaient partie intégrante de mon équilibre. Me retirer de mes missions ou me les modifier a bouleversé cet équilibre et mes repères au travail. J'ai pu, une fois de plus, constater que j'avais besoin de reconnaissance au travail et que l'on continue d'avoir confiance en moi. J'avais besoin que mon identité et ce que l'on perçoit de moi ne soient pas modifiés par le fait de devenir maman. J'ai compris également que je devais être à bout de nerfs depuis le début de ma maternité pour réagir avec autant de dégoût à une chose de plus de perdue ou de modifiée dans ma vie. Je n'avais donc pas un équilibre durable. Enfin, je vivais beaucoup d'inconforts avec les changements depuis le début de ma grossesse. J'ai même compris que trop de choses m'échappaient et en ai déduit que j'aimais bien tout contrôler dans ma vie. Toutes les nouveautés, les lignes floues, les surprises et j'en passe, liées à la maternité m'étaient inconfortables.

Une maman qui se sentait en situation d'échec

Parce qu'elle avait un idéal de bébé et un idéal de maman

Auto centrée sur soi, on en oublie parfois que les bébés sont de la partie. Un jour, lors d'une séance un peu compliquée chez ma psy, je lui ai déballé tout ce qui me pesait sur le cœur à cet instant précis avec mon fils :

– Mon bébé ne mange pas ces petits pots...enfin si, seulement chez la nounou mais pas avec moi !

– Mon bébé ne fait pas ses nuits, il a quand même 9 mois !

– Il ne veut pas rester tout seul, je ne peux pas jouer avec lui toute la journée quand même ?

– Depuis qu'il dort seul dans sa chambre, les réveils ont doublé ! !

– Mais comment vais-je faire avec un bébé qui grandit si lentement ?

Ce jour-là, ma psy m'a fait comprendre que j'avais un problème majeur qui créait beaucoup de frustration : un idéal de bébé qui m'empêchait de comprendre, d'accepter et de laisser la place au mien tel qu'il était réellement. Elle m'a dit « Tant que vous aurez cet idéal de bébé, vous ne pourrez pas rencontrer véritablement votre fils et lui laisser sa place ». Grosse claque, ce jour-là mais en y pensant, c'est vrai que mon bébé n'était pas ou ne se comportait pas comme je l'avais souhaité. Mais qu'est-ce que j'attendais de lui en fait ? Comment est-ce que je l'avais imaginé ? Puis j'ai fait le point sur les attentes et les chiffres que j'avais en tête sur un bébé :

– Un bébé fait ses dents aux environs de cinq mois ;

– Il a la capacité de faire ses nuits dès qu'il pèse cinq kg ;

– Il mange des petits pots à six mois ;

– Il se retourne à cinq mois, s'assoit à neuf mois et marche à douze mois ;

– ...etc.

Alalala...les moyennes ! Vous me voyez venir avec ce sujet. Les moyennes sont ces chiffres qui nous rendent euphoriques quand notre bébé est en avance et déprimées quand notre bébé est en retard. J'ai réalisé à ce moment-là que l'un des trucs les plus durs pour moi lors des premiers mois, ça n'a pas été les nuits que mon bébé ne faisait pas ou encore les petits pots qui avaient du mal à descendre, mais plutôt son décalage avec ces foutues moyennes omniprésentes. J'avais l'impression que mon bébé ne grandissait pas au rythme qu'il « devait », n'apprenait pas aussi vite « qu'on s'y attend ». Ces petites cases étouffantes, à bannir absolument, dans lesquelles je n'arrivais pas à faire rentrer mon fils. Un cadre rigide qui n'existait que dans ma tête ou ces fameuses moyennes que l'on trouve sur internet (ou dans la bouche des pédiatres) qui vous disent que votre bébé est capable de faire ses nuits à partir de tant de kilos, capable de se retourner à tel âge...etc. Mais donc... ? ? Cela voudrait dire que si le mien ne fait pas telle action à ce moment précis, alors il n'est...PAS CAPABLE ? ? ? ? Catastrophe. Et voilà comment on se pourrit plusieurs soirées, à croire que son bébé est en retard, pas dégourdi ou pire, incapable alors qu'il est lui-même et qu'il va à son rythme. Heureusement qu'il n'est pas écrit sur internet qu'à six mois ils font des dissertations car j'aurais pu mettre un stylo dans la main du mien pour l'y initier. J'ai été, sans en prendre conscience, la championne des soirées pourries à me morfondre sur la différence entre le monde dans ma tête et celui que j'avais. Entre mes attentes et le réel. Je me suis laissée entraîner par mon mental vers la tempête comme un papillon de nuit vers la lumière qui finira par lui brûler les ailes.

Le sommeil a été l'une des thématiques qui m'a le plus fait monter en pression. Mon fils n'a pas fait ses nuits avant l'âge de dix-huit mois. Il se réveillait, chaque nuit, une ou plusieurs fois (j'en parlerai plus tard). Mais pendant dix-huit mois, à chaque réveil, la colère qui me prenait, le désespoir ou la tristesse, ne venait que du fait que je pensais qu'il y avait un problème. Certes, ça n'était pas confortable de se lever la nuit, mais il n'y en avait que pour quinze minutes max à chaque fois : un câlin et hop c'était reparti. Mais ces quinze minutes pesaient très lourd sur mon moral parce que je pensais que soit je faisais quelque chose de travers, soit que mon fils avait un problème. Je ramenais ce sujet à moi ou à mon fils, mais il me fallait un coupable. Je me sentais fatiguée, épuisée le matin en me levant en pensant à cette nuit ou encore, mon fils s'était réveillé alors qu'il ne devait plus le faire (tout ça pour un réveil de quinze minutes seulement). Un jour j'ai même acheté une montre qui calcule le nombre d'heures de sommeil pour voir à quel point je dormais mal et il s'avère que ma montre enregistrait des périodes de sommeil longues et bien assez profondes. Ma jolie montre me disait tous les matins que j'avais bien dormi et c'est tout juste si elle ne me disait pas « le problème c'est que tu te prends la tête quand ton fils se réveille ». Et elle aurait eu raison car les réveils n'étaient pas le pire. Le pire c'était de croire que je faisais mal, que mon fils avait quelque chose qui clochait, ou encore de refuser que ça échappe à mon contrôle, de ne pas croire qu'un jour ça changerait et que ce n'était qu'une étape. C'est bien plus tard que j'ai pu lâcher prise sur ce sujet et avancer. J'ai même lu un jour que la moyenne des enfants qui font leur nuit est aux alentours de trois ans. Dommage que je ne sois pas tombée sur cette information dès le début.

Pesants sur le moral et aussi compliqués à gérer que les moyennes sur internet, il y a eu également les bébés des autres. Si on arrive à avoir suffisamment de force de caractère pour s'affranchir des statistiques, c'est une autre paire de manches que de s'affranchir des textos de ses copines-mamans qui nous envoient les prouesses de leurs bébés à travers un texto vantard pile au moment où le vôtre est en train de hurler et taper des pieds dans son caca car en lui changeant la couche, la situation a dérapé. Il est dommage, ce besoin que beaucoup de mamans ont de montrer aux autres comment leur bébé est mieux parce qu'elles ont besoin, quelque part, de justifier leur valeur et le bien-fondé de ce qu'elles font.

Elles mettent le nez des autres mamans dans le caca sans même savoir que parfois, ces autres mamans l'ont déjà, le nez dans le caca, car elles sont en train de galérer. À part quelques amies fiables et suffisamment bien dans leur peau pour ne pas avoir besoin de se vanter, toutes les mamans que j'ai croisées ont réussi à me hérisser le poil avec leurs textos « Youpi ! Il ou elle a fait sa nuit hier ! », au moment où le mien venait de faire tout sauf sa nuit la veille. Sur le moment, cela n'a fait que creuser l'écart entre mon idéal de bébé et mon fils. Depuis, j'ai pu vraiment intégrer en profondeur que la maternité était une expérience tellement singulière en fonction des femmes, de qui nous sommes, de notre histoire, de notre couple à ce moment-là de notre vie que j'ai pu prendre du recul sur les histoires des autres.

Au-delà d'avoir un idéal de bébé, j'avais aussi un idéal de maman et de la maternité. Ces deux idéaux (bébé et maman) m'ont fait ressentir un profond sentiment d'échec car ce que je vivais était aux antipodes de ces deux constructions mentales. J'ai réalisé pendant mon post-partum que j'avais été préparée pour l'accouchement, même si ce n'était pas assez, j'ai eu une préparation. Mais pour le post-partum et la parentalité, ce n'était pas du tout la même musique. Déjà, je n'étais pas du tout renseignée sur le baby-blues et la dépression post-partum. Je confondais même les deux. C'est bien plus tard, en me renseignant sur la question que j'ai appris que je faisais une dépression post-partum : Le baby-blues est une période de déprime qui suit l'accouchement mais qui ne dure pas plus de quinze jours. Si un mal-être persiste c'est une dépression post-partum. La dépression post-partum peut se manifester à tout moment pendant l'année suivant la naissance du bébé et c'est bien plus problématique que le baby-blues. Cette dernière nécessite parfois un accompagnement thérapeutique. J'étais donc dans l'ignorance et je me suis sentie rapidement anormale avec mes doutes et mon mal-être, alors que jusqu'à vingt pour cent des nouvelles mamans sont touchées par une dépression post-partum elles aussi. Avec cette ignorance, j'avais un idéal de maman, un idéal de la maternité inventé. Je croyais que pour être une bonne maman je devais aimer passer tout mon temps avec mon enfant. Je croyais que je devais aimer m'occuper de lui sans arrêt, ressentir un amour éternel tous les jours, ne me poser aucune question, sentir un instinct maternel battre dans mes veines. Je n'avais pas du tout conscience que la maternité pouvait être un défi colossal. Je n'avais pas conscience qu'il y a mille façons d'être une maman et que les problématiques que la parentalité soulève chez les parents dépendent de chacun. Ce mélange d'ignorance et de décalage détonant entre mon imagination et la réalité a entraîné chez moi beaucoup de frustration, de désespoir et de tristesse. Encore une fois, cet idéal de maman m'empêchait de devenir la maman que j'étais. Prise au piège dans des attitudes et schémas de pensées que je m'imposais (car pour moi il fallait faire comme ceci ou comme cela pour être une bonne mère), je n'arrivais pas à m'écouter en profondeur et je ne cherchais même pas à tendre vers ce qui me faisait du bien. J'ai fini par me rendre compte que la maternité n'était pas une liste de cases à cocher et j'ai tenté de me détacher du modèle de maman que je cherchais à être. Mais le plus édifiant dans tout cela, c'est que je me suis rendue compte que je ne me connaissais pas assez : sans cet idéal de maman à suivre, je ne savais pas vraiment ce que je voulais faire, comment je voulais être, ce qui me plaisait et ce qui me tenait à cœur. En effet, si la bonne maman aimait passer du temps avec son enfant toute la journée, cuisiner des petits pots et moi pas, c'était OK ...mais du coup, qu'est-ce que j'aimais moi ? Jouer avec lui ? Plutôt lire des histoires ? Aller au parc ? Je n'ai même pas su répondre à cette question la première fois que je me la suis posée. Il a donc fallu que je découvre, en même temps que je découvrais mon fils, qui j'étais. Il a fallu me séparer de ce bébé fictif idéal pour rencontrer le mien, l'accepter et embrasser qui il était. Et de concert, il a fallu que je cherche quelle maman j'étais. J'ai dû chercher en quoi être une maman me plaisait. À travers quelles actions et sensations pouvais-je trouver de la joie et surtout, essayer de ne pas me juger ? Si le laisser chez la nounou pour pouvoir souffler et mieux le retrouver après me procurait de la joie et bien c'était à constater puis à accepter. Cela ne faisait pas de moi une bonne ou mauvaise mère. Juste cela faisait de moi, moi-même.

Toujours dans la démarche de me séparer de mon idéal de maman, il a fallu que je cesse de rejeter ce que je ressentais. Je pensais qu'une bonne mère ressentait plus d'émotions agréables que désagréables. Ainsi, je traduisais la grande proportion d'émotions négatives que je ressentais comme un signe d'échec (toujours par rapport à mon idéal factice). J'avais principalement deux émotions ressenties en permanence avec la maternité que j'avais du mal à assumer : la peur et la culpabilité.

Avoir peur est une vieille habitude chez moi. Je doute beaucoup, j'ai du mal à lâcher-prise, je peine à avoir confiance en moi et il m'arrive parfois de douter des autres et de la confiance que je peux leur accorder. C'est une habitude qui a pu rendre compliqué beaucoup de moments dans ma vie. Mais avec la maternité, cette meilleure ennemie a pris une place écrasante et j'ai commencé à vivre avec la peur au ventre. Comme je n'avais confiance en rien (ni en mes capacités, ni en celles de mon fils, ni celle de mon mari, ni en la magie de la vie, ni dans l'incertitude de l'avenir) j'ai commencé à tout analyser, à tout calculer, à tout prévoir et surtout à tenter de faire tout parfaitement pour réduire au maximum les aléas. Je sais que cela vient de mon histoire construite à coups de « On ne doit compter que sur soi », « On n'est jamais mieux servi que par soi-même », « il faut rester sur ses gardes ». J'ai donc naturellement ressenti, en devenant maman, une montagne de peurs constantes : peur pour mon bébé, son développement, sa santé, sa vie, peur de mal faire avec lui, peur de ne pas y arriver, peur de ne pas être à la hauteur...etc. Vivre dans la peur a été clairement quelque chose qu'il a fallu que je change et j'ai eu une grosse prise de conscience le jour où j'ai réalisé, au cours de ma thérapie post-accouchement que, pour ce dernier, j'avais voulu tout bien faire pour que tout se passe le mieux possible : accompagnement global à la naissance, accouchement dans une clinique privée, haptonomie avec mon mari et j'en passe. Mais, malgré tout ce bardage, beaucoup de choses sont parties de travers le jour J. J'ai réalisé que je ne pouvais donc pas tout maîtriser même si j'essayais très fort. J'ai ressenti comme une forme de fatalité. Comme s'il y avait des choses auxquelles je ne pouvais échapper ou que je ne pourrais jamais contrôler. C'était donc la même chose pour mon enfant. Il m'allait être impossible de tout prévoir et contrôler. J'ai donc pu commencer à prendre du recul sur mes peurs et les fausses croyances qui allaient avec (héritées de mon éducation ou construites avec mon expérience...allez savoir) telles que « La vie c'est dur, c'est marche ou crève », « Il faut grandir vite, maman ne sera pas toujours là », « Il faut savoir se débrouiller seul », « On doit », « Il faut » ...Et cela n'appartient qu'à moi. Elles sont en lien avec mon passé et pas l'avenir. Mon fils pourrait avoir une tout autre expérience de la vie.

La deuxième émotion qui m'a parasitée et que je pensais qu'une maman ne devait pas vraiment ressentir était la sacro-sainte culpabilité. Cette émotion est affreuse pour moi car je la trouve dévorante. Elle mêle un sentiment d'échec avec celui d'un instant terminé et pour lequel c'est trop tard. Elle nous fait miroiter aussi que l'on aurait pu mieux faire, nous coupant ainsi de l'acceptation de nos failles et de nos erreurs, essence même de l'humanité en nous. Elle nous coupe de l'empathie que nous pouvons avoir pour nous-même. La culpabilité me faisait me sentir comme une mauvaise personne. Depuis le début déjà j'avais culpabilisé d'avoir été cherché un accompagnement global à la naissance et une clinique privée, qui a conduit à l'histoire que vous avez lue plus tôt. Si je n'avais rien fait, si j'étais allée à l'hôpital du coin (qui est très bien), l'histoire aurait pu être différente. Bon d'accord, tout le monde sait qu'avec des « si » on referait le monde et avec ma thérapie, j'ai fini par accepter ce qui m'était arrivé. Mais avant de guérir de tout cela, j'ai culpabilisé de ne pas ressembler à la maman que je voulais être, culpabilisé de galérer, de trouver le rôle de mère difficile et de ne pas l'aimer. Les premiers instants j'ai cru que c'était moi qui étais mal foutue, surtout quand j'entendais les autres dire que faire des enfants était facile. Puis je culpabilisais de ressentir du négatif alors que je venais d'être maman. N'était-ce pas censé être « Que du bonheur » ? N'étais-je donc pas capable de voir tout le bonheur que j'avais ? N'avais-je pas juste à apprécier ma vie et arrêter de me torturer avec mes questions et mes peurs ? Certaines personnes me l'on dit aussi le fameux « estime toi heureuse ». Je culpabilisais de ne pas être contente de ce que j'avais. Un bébé en pleine santé et un mari à mes côtés... mais de quoi je pouvais bien me plaindre ? N'avais-je donc aucune gratitude envers la vie ? Donc cela m'a menée au comble, au coup de grâce : j'ai culpabilisé de culpabiliser. Un jour mon mari m'a dit en me voyant pleurer

que je me « prenais la tête pour rien ». Ces mots m'avaient fait l'effet d'une gifle. Aujourd'hui je me rends compte qu'il était loin de ressentir de l'empathie pour moi à ce moment-là et que ma détresse le dérangeait car il était impuissant face à elle. Mais sur le coup, j'ai juste culpabilisé...
Ainsi, j'ai donc été dans le déni total de mes peurs et de ma culpabilité. Je les rejetais en bloc, les jugeais. Je n'avais pas du tout d'empathie pour moi. Sans m'écouter, j'essayais de coller à l'image de ma maternité que j'avais imaginée et, comme je n'y arrivais pas, je me dévalorisais. Ce jugement sur moi-même qui vient de l'intérieur fait très mal même si je sais que cette façon de me juger ne date pas d'hier. Il y a bien des fois dans ma vie où l'empathie envers moi n'avait pas sa place et où ma conscience, avec son chignon strict, ses lunettes et sa baguette me regardait faire ma vie en tapant du pied pour montrer qu'elle n'était pas d'accord ou que j'aurais pu mieux faire. Mais avec la maternité, ces jugements que je m'infligeais toute seule n'étaient plus supportables.

Ce que j'ai appris sur moi à travers ces difficultés

J'ai donc eu de grosses désillusions qui me faisaient me sentir en marge de l'expérience que je croyais classique de la maternité. Je me sentais anormale, en échec, dévalorisée à l'intérieur. Je me suis jugée comme n'étant pas capable, pas reconnaissante, gâchant ma vie, pas faite pour la maternité. Finalement, la dévalorisation que l'on peut ressentir dans la société ou au travail est difficile, mais les jugements, étiquettes et le manque d'empathie que je me suis imposée à moi-même étaient particulièrement amers. Je ne trouvais pas de réconfort, même en mon for intérieur. Avec ces idéaux de bébé et de maman, j'en ai déduit que j'avais certainement un besoin de contrôler et de maîtriser ce qui se passait dans ma vie. Un bébé qui répond aux normes aurait été pratique pour moi, mais ça n'est pas la réalité. J'ai été triste de me rendre compte que, depuis la naissance de mon fils, ce dernier avait dû sentir la montagne d'attentes que j'avais envers lui. L'envie qu'il grandisse à un certain rythme, qu'il rentre dans les cases que j'avais en tête. J'ai réalisé que je voulais vraiment le rencontrer, apprendre à le respecter dans son rythme, dans ce qu'il est, et ne plus creuser l'écart entre lui et moi. Puis dans la même démarche, il fallait que je rencontre la maman que j'étais aussi, la vraie. Pas celle qu'il fallait être. J'avais été très strict avec moi. Je m'étais mise une grosse pression et j'avais des attentes précises en devenant maman. Les « il faut » et les « je dois » étaient devenus mes mantras et ceux-là ne m'avaient menée qu'à la sensation d'être malheureuse et sacrifiée. Une vraie maman robot qui enchaînait les tâches « à faire » au lieu des tâches qu'elle « tenait à faire ». Je me suis interdit de ressentir ma détresse, culpabilisant pour ce que j'étais, figée dans le carcan de la maman heureuse que je devais être. Mais ce besoin de tout maîtriser venait finalement de cette envahissante peur constante que je ressentais. J'avais un manque de confiance (en moi, en la vie, en général) et donc vivais dans la crainte de devoir tout contrôler, la crainte de voir un jour tout s'effondrer.

Une maman trop fatiguée

Il est sûr que les premiers mois du post-partum, le physique joue beaucoup sur le mental. Dans mon cas, j'ai clairement sous-estimé mon besoin de sommeil et ma capacité à gérer son manque. Avec l'arrivée de mon fils, ma vie s'est transformée en un lendemain de soirée permanent. Les yeux qui grincent, les paupières lourdes, le corps plombé, j'en avais mal au ventre et même parfois, des envies de vomir tellement j'étais fatiguée dans mes débuts de parent. Je me souviens, un soir où notre fils avait deux mois, être en train de pleurer presque de panique et dire à mon mari « ça y est c'est fini, on ne va plus jamais dormir ? Oh mon Dieu comment on va faire ? ». Certains m'ont conseillé de dormir en même temps que mon fils la journée. À chaque sieste, il fallait que j'aille me coucher moi aussi. Sur le papier, l'idée est logique, mais en pratique je n'y arrivais pas si bien. Je ne parvenais pas à faire des siestes sur commande en journée (malgré la fatigue, le corps gardait un rythme jour-nuit) et en plus quand je faisais une sieste profonde de trente minutes et que mon fils me réveillait car il avait fini la sienne, j'étais encore plus dans le coaltar. Je finissais par me dire qu'il valait mieux ne pas dormir, sauf quand je savais que sa sieste durerait un peu...information, vous l'aurez deviné, qui n'était pas souvent évidente à obtenir. La fatigue physique a été très difficile pour moi qui suis une grosse dormeuse à la base. Heureusement que petit à petit mon corps s'est habitué au manque de sommeil. Au bout d'un an, je trouvais que les nuits mouvementées étaient moins pénibles qu'au début. Encore une fois le plus dur, je pense, c'était de s'habituer à sa nouvelle vie avec bébé...

Avec la fatigue physique, il y avait aussi la fatigue émotionnelle due à l'éventail de mes émotions. Celles-ci n'avaient fait que des montagnes russes depuis la naissance de mon fils, ce qui fut épuisant. Entre le post-traumatique, la dépression post-partum, le manque de reconnaissance, le déséquilibre entre la charge mentale de mon mari et moi et la fatigue physique, j'ai frôlé l'épuisement maternel. On ne cessait de me dire face à mes fatigues physique et émotionnelle « Il faut que tu prennes du temps pour toi ! ». Cette phrase m'a beaucoup contrariée car je savais très bien que j'avais besoin de temps pour moi. J'en avais très envie. Mais le problème était que je n'y parvenais pas. Comment prendre du temps pour moi quand j'en fais plus à la maison ? Comment prendre du temps pour moi quand mon mari rentre tard du travail et que je dois m'occuper seule de mon fils ? J'aurais pu dans l'absolu prendre ce temps, mais cela aurait été au détriment d'un autre bien être. J'aurais pu rentrer du travail plus tôt pour siroter une limonade un magazine à la main. Mais les papiers dans l'entrée, le panier de linge sale plein, la vaisselle qui traînait, rien à manger dans la cuisine et tout à ranger dans le salon. J'avais envie d'une limonade dans mon canapé, mais j'avais aussi envie que ma maison soit un minimum propre et rangée pour mieux m'y sentir. J'avais envie d'un bon repas le soir et d'avoir des vêtements propres le lendemain. Mais surtout, j'avais envie de ne pas galérer : la limonade avec l'idée que rien n'est anticipé, qu'une fois avec mon fils il faudra s'occuper de lui et lui faire à manger en même temps et de ne pas savoir s'il a du linge propre le lendemain n'est pas du tout relaxant. En tout cas, je n'avais pas ce degré de lâcher prise, cette sérénité et cet accueil de ce qui se passerait le soir. Je ne suis pas comme ça. Je peux le faire un soir ou deux mais je ne peux pas vivre dans un lieu anarchique et sans organisation. Et malheureusement, ces tâches étaient en grande partie réalisées par moi car mon mari ne ressentait pas de désagrément dans le bazar, dans le palliatif, dans l'urgence. La détente et les moments pour lui étaient donc sa priorité et je n'ai pas réussi au début à lui faire comprendre que notre équilibre familial n'était pas possible si je n'y trouvais pas mon compte moi aussi. Il fallait que l'on se rejoigne : que j'en fasse moins et lâche prise sur certaines choses, quand lui devait en faire plus. C'est en lisant un jour les écrits d'Isabelle Filliozat dans son livre « Il n'y a pas de parent parfait » que j'ai trouvé l'aplomb nécessaire pour changer les choses dans mon foyer. J'y ai trouvé comme une reconnaissance réparatrice et une alerte sur ma situation qui me conduisait doucement vers le gouffre. Lire les mots qu'elle a posés sur l'épuisement maternel ont fait comme un pansement sur ma maternité entaillée. Elle explique que la difficulté que certaines femmes traversent avec l'expérience de la maternité n'est pas un simple burn-out due à une faiblesse qu'elles portent en elle, mais que c'est tout son environnement direct qui la conduit à ce résultat. Elle explique que chaque parent est susceptible d'être victime de burn-out parental : toutes les mamans, même celles qui ont l'air d'assurer, vivent un quotidien hautement stressant. Une multiplication de tâches répétitives, fort peu de reconnaissance, des contraintes horaires démentes, un tas de situations sur lesquelles elles n'exercent aucun contrôle, l'impossibilité de se concentrer sur une tâche sans être interrompue dix fois et cela 24h/24 et 365 jours par an pour une durée indéterminée. Bien souvent, la société entière les regarde faire sans les aider à commencer par certains papas. Mon corps avait déjà du mal à récupérer de l'accouchement, mon cerveau en prenait plein les mirettes avec les émotions que je vivais chaque jour et quand je m'occupais de mon bébé ou de la maison j'étais dans le sacrifice, le don de ma personne, persuadée que c'est ce qu'une bonne maman devait faire. Cet équilibre n'aurait jamais tenu dans le temps : pas assez de loisirs et de moments heureux, trop de tâches contraignantes et de déception. Je manquais d'idées pour me ressourcer. Je ne trouvais plus le sens de ce que je faisais. Je n'arrivais plus à repérer les choses qui étaient positives pour moi.

Ce que j'ai appris sur moi avec la fatigue émotionnelle et physique

J'ai compris qu'il fallait que je trouve du repos, que je trouve des relais et que je rééquilibre les tâches dans mon couple car je ne voulais pas finir en burn-out parental. J'avais déjà été gagnante au jeu du hasard pour le trauma et la dépression post-partum, hors de question de signer avec l'épuisement maternel. Peu-importe les diktats de « bonne maman » et de « bonne épouse », il me fallait me reposer, souffler, décompresser, ne plus avoir besoin de penser. J'ai réalisé à quel point j'avais été façonnée par le modèle de mes parents dans lequel ma mère en faisait plus que mon père. J'ai réalisé que je ne voulais pas entrer dans ce moule sociétal de l'épouse performante et usée dont le mari profite de l'organisation et des efforts aisément. J'avais besoin d'équilibre et d'équité dans mon foyer, allant de pair selon moi avec le besoin de respect.

Un bilan sec et amer, mais avec un arrière-goût d'espoir

Deux choses m'ont ainsi sauté aux yeux en explorant l'ensemble de ce qui n'allait pas en devenant maman. Premièrement, mises côte à côté, j'ai réalisé à quel point les émotions que je ressentais au quotidien étaient très désagréables. Comment ne pas se sentir en détresse ! J'avais vécu un condensé de défis et de déboires physiques, émotionnels et psychologiques ponctuels ou quotidiens : trauma, dépression, pression sociale, sentiment de dévalorisation, discrimination au travail, désillusion, inégalité dans mon foyer, extrême fatigue...mais quelle horreur ! Comment pouvais-je vivre une maternité apaisée ? Et tout ce condensé était pour un seul cœur, un seul cerveau, une seule femme. Normal d'avoir le sentiment que ma petite vie stable et confortable que j'aimais tant et dans laquelle je voulais accueillir un petit bébé avait volé en éclat !
Deuxièmement, un second constat a été flagrant en couchant sur le papier ce qui n'allait pas : j'ai réalisé que chacun de ces points problématiques, aussi différents entre eux soient-ils, menaient à moi. Les challenges, les ressentis, les émotions, les besoins, les sensations, les traumas, les schémas...Je venais d'ouvrir la porte d'un trésor immense d'informations sur moi ! Même si j'avais vécu des expériences difficiles, les émotions que je ressentais m'appartenaient et parlaient de moi. Ainsi, tristesse, colère, désespoir, amertume, culpabilité, étaient là entre autres pour me révéler mes besoins de reconnaissance, de sécurité, d'intimité, de respect, de soutien, d'harmonie, d'équité et d'épanouissement. Cela m'a mise en joie et m'a donné beaucoup d'espoir parce que, tout simplement, je pouvais travailler sur moi ! Si ça me concernait, alors je pouvais m'en occuper ! Quel soulagement dans la mesure

où je pouvais agir sur moi mais pas sur mon fils ou les autres. Je n'ai pu ignorer la pointe de tristesse qui m'a chuchoté « Et ben dis-donc, y'en a du boulot... ». Mais tant pis, j'avais envie d'explorer ce canevas de faiblesses et de blessures qui m'avaient conduite à vivre un début de maternité désastreux. J'ai donc pris la décision de prendre chaque problème à bras le corps, de commencer un travail sur moi en profondeur (au-delà de celui réalisé pour mon accouchement) et de débuter une pratique de développement personnel. Pour m'accompagner j'ai multiplié les thérapies, vu des conférences, lu plusieurs bouquins sur la parentalité ou le développement personnel, fait des coachings également et j'ai bossé. Fini les tongs et le short, fini la randonnée aux doigts mouillées, je voulais sauver ma peau et pour cela il fallait que je me muscle et que je m'équipe. J'ai eu de la chance de me rendre compte de cela au bout de sept mois. J'aurais pu m'en rendre compte après quinze ans et les dégâts auraient été bien plus sévères.

Chapitre III
La suite d’une randonnée de montagne équipée

Le développement personnel comme activité à part entière

Avant de pouvoir essayer d'initier un quelconque travail sur moi et un éventuel développement personnel pour explorer une à une mes difficultés, j'ai compris qu'il me fallait dédier du temps à cette activité. Du temps pour analyser ce que je ressentais, un moment pour me poser des questions, un délai pour revoir ou relire ce que j'avais appris. Un temps aussi pour apprendre à écouter, analyser, identifier ce que je vivais. Une vraie connexion à rétablir avec mon moi profond. Ma psychologue m'avait aidée à trouver ce temps lors de ma thérapie car elle me faisait écrire mes ressentis. Mais une fois la thérapie post-accouchement passée, j'ai compris l'importance de continuer à m'accorder ce précieux temps. Comme pour un sport ou n'importe quelle activité que je voulais approfondir, j'ai commencé par réserver un créneau une fois par semaine entre midi et deux dans mon ancien travail. Je ne mangeais plus avec mes collègues ce jour-là et seule dans mon bureau, je mangeais un repas simple et rapide pour avoir du temps pour moi. Puis, avec mon fils qui a commencé à avoir un rythme et se coucher plus tôt, j'ai pu le faire aussi en soirée. C'est fondamental selon moi de considérer cette envie de comprendre mes challenges, de me reconnecter à mes besoins et mes émotions, comme une activité à part entière. On a très facilement intégré qu'il fallait prendre des cours, regarder des tutos ou avoir un professeur pour apprendre, quelle que soit la discipline. On a même des coachs en sport pour s'améliorer et rester motivé sur ce choix de prendre soin de son corps. Ces activités, dès lors qu'elles deviennent l'une de nos priorités, prennent du temps. Apprendre à cuisiner sans se renseigner ni pratiquer, en y passant du temps, me semble un vœu pieux. Alors j'avais calé mes créneaux dédiés à cette activité : « trouver la maman et la personne que j'étais vraiment ». Une fois ce temps consacré à mon développement personnel installé dans mon emploi du temps, j'ai commencé par lire plusieurs livres sur la parentalité, réalisé différents exercices d'introspection et des exercices de prise de recul dont je parlerai plus loin. Par la suite, quand mon fils avait un an et demi, j'ai découvert aussi un coaching mensuel sur le thème de la parentalité. Chaque mois il y avait une thématique de la parentalité qui était abordée et je m'y suis abonnée car j'ai adoré le concept : un thème à la fois, plusieurs parents en même temps et une approche très joyeuse de la parentalité. Au fur et à mesure de mes lectures, de mes exercices et de mes coachings mensuels, j'ai réalisé énormément de choses sur la parentalité et sur moi, sur le lien entre qui nous sommes et le parent que nous sommes et enfin l'importance de s'écouter et de se connaître. Pour gravir la suite de ma montagne, j'ai appris comment je pouvais m'équiper.

Dans un premier temps, apprendre à m'orienter avec deux outils triviaux pour une aventure : une carte et une boussole

À la naissance de mon fils, j'ai essayé de coller à un modèle de maman que je jugeais « juste », « admirable », « performant », mais je ne me suis jamais demandée si ce modèle de maman me convenait vraiment. Est-ce que j'avais envie d'être cette maman qui se sacrifie pour ses enfants ? Est-ce que j'ai envie d'être cette maman qui cuisine des petits plats à son enfant ? Est-ce que j'ai envie d'être cette maman qui allaite au moins un an ? Mais en fait, de quoi est-ce que j'avais envie ? Quels étaient mes objectifs dans la vie ? J'étais déjà en train de gravir ma montagne à grandes enjambées alors que je ne savais même pas où j'allais. Du coup, lorsque je me suis accordée du temps, j'ai commencé par me demander vers quoi je voulais tendre et ce qui était important pour moi concernant la cellule familiale : Je voulais être une femme bien dans sa peau, être une maman qui aime ses enfants, avoir un lien fort et de confiance avec mes enfants, avoir un mariage heureux et stable, avoir de la joie dans ma maison. Waouh.... Eh bien première grande surprise pour moi à ce moment-là, jamais il n'a été question dans mes objectifs principaux de délais d'allaitement, de sacrifice, de petit plat ou de l'interdiction de commettre des erreurs. J'ai gravi ma montagne en suivant la carte de mes peurs, de mes croyances ou de je ne sais quoi, mais pas celle de mes objectifs profonds. J'avais donc maintenant une carte m'indiquant les différents buts que je voulais atteindre. Ces objectifs sont devenus à ce moment-là mes destinations, mes sommets vers lesquels je devrais tendre à chaque fois que je m'égarais. Mais comment savoir si je me rapprochais de mes buts ou si je m'en éloignais ? Pour me guider sur cette carte, j'ai compris qu'il me fallait un second outil dont j'ai cruellement manqué depuis le début de ma maternité (voire de ma vie ?) : une boussole.

Depuis le début de ma maternité jusqu'à mon déclic, j'ai réalisé que je n'arrivais pas beaucoup à m'écouter, ni ma tête, ni mes tripes. J'étais perturbée par les conseils des autres, j'étais attirée par les caps bien définis et les règles génériques des médecins ou autres personnes qui m'indiquaient la façon de faire avec mon fils sans me faire réfléchir à mon ressenti. Dans mon élan pour essayer de coller à un modèle de maman artificiel, je n'ai même pas pris le temps de voir que beaucoup des choses que je m'imposais dans cette quête ne me convenaient pas. Cela ne me procurait pas de joie profonde. Quand j'étais frustrée ou que ça n'allait pas, j'enterrais ces émotions bien au fond car je pensais que si je ressentais ce négatif j'étais une mauvaise mère. J'ai donc compris qu'il fallait que je fasse l'effort de ressentir ce qui se passait en moi dans une situation donnée avec mon fils et encore une fois, le temps que je m'accordais régulièrement pour y réfléchir à postériori était précieux. En effet, après un événement avec mon fils (un affreux ou un chouette moment), lors de mon temps dédié à la prise de recul, je repensais à ce qui s'était passé en prenant vraiment le temps de me demander comment j'avais vécu le moment et ce que j'avais pensé de ma réaction. Si je n'étais pas toujours connectée à ce que je ressentais sur le moment, j'y arrivais après coup. Lors de ces instants avec mon fils, si j'avais ressenti de la joie, de la sérénité, du baume au cœur alors il fallait simplement que je continue d'aller dans cette direction et que je l'explore. Si je ressentais de la frustration, de la colère, du désespoir, alors c'est que ma boussole m'indiquait que j'allais dans une mauvaise direction. Le plus dur dans cet exercice était de ne pas juger ce que je ressentais, juste de l'accueillir. Par exemple, je détestais préparer des plats fait maison tous les jours pour mon fils et cela me fatiguait beaucoup. Eh bien je devais écouter ce ressenti au même titre que ma conviction qu'il était mieux pour lui de manger maison. Le défi était de faire taire le jugement blessant que j'étais paresseuse de ne pas cuisiner pour lui tous les jours. Avec carte et boussole, j'avais maintenant en ma possession les deux outils de base d'une randonneuse souhaitant arpenter tous les chemins non balisés, même si j'avais essayé de partir à l'aventure sans eux. Mais comme la montagne d'une jeune maman est abrupte et vertigineuse, il me fallait encore m'équiper.

Dans un second temps, conscientiser ce dont j'avais envie et découvrir qui j'étais

Maintenant que je savais comment m'orienter sur ma montagne (carte de mes objectifs profonds et boussole des émotions à la main), je me suis demandée quelle était la meilleure façon de la gravir en fonction de mes envies, de qui je suis, de mes forces et de mes faiblesses. Est-ce que je suis une randonneuse rapide ou lente ? Est-ce que j'aimais le plat ou les pentes ? Est-ce que j'aimais la forêt ou la plaine ? ...

Ce qui est super quand on apprend à utiliser la boussole des émotions (sans jugement je le rappelle), c'est qu'on finit par apprendre au fur et à mesure des situations qui on est vraiment. On peut ainsi s'orienter vers ce qui nous plaît et, à terme, tendre vers nos objectifs profonds. Je vous raconte un exemple : un soir que je lisais une huitième fois d'affilée la même histoire à mon fils avant qu'il aille dormir, je me suis énervée contre lui en lui disant que c'était l'heure d'aller au lit et que j'étais déjà bien gentille d'avoir lu tout ça, alors il fallait que derrière il obéisse dare-dare. En y repensant à froid, j'ai compris que, dans un premier temps, je me suis sentie obligée de lire toutes ces histoires à mon fils pour lui faire plaisir (modèle de maman parfaite pas du tout sur la carte de ma montagne...). Cela m'a généré beaucoup de frustration (boussole dans le rouge) mais je ne l'ai pas écoutée. Au fond, j'aime bien lire des histoires, mais pas autant d'un coup et surtout pas dix fois la même histoire d'affilée ! Et peu importe si c'est une case qui est cochée dans les caractéristiques de la bonne ou de la mauvaise maman, moi je suis comme ça et maintenant je le sais. Donc à l'avenir, si mon fils me demande trop d'histoires, ou trop de fois la même, j'aurai plus d'aplomb pour lui dire non ou pour faire une autre proposition. J'aurais respecté ma limite et ce dont j'ai envie aussi. Ma boussole qui m'a indiqué de la frustration et de la colère m'a montré que je ne prenais pas la bonne direction. Je n'ai pas stoppé assez tôt cette situation qui ne me convenait pas et je me suis éloignée d'un de mes objectifs principaux : avoir de la joie à la maison. Ça m'a rappelé une phrase que j'avais lu dans un bouquin et qui m'avait fait du bien à l'époque : « un enfant préfère avoir une maman qui est elle-même et heureuse, plutôt man qui tend vers la perfection et qui est malheureuse ». époque, cette phrase m'avait marqué, maintenant elle est ancrée en moi. Dans le brouillard et l'ignorance de qui j'étais et ce dont j'avais réellement envie (mais qu'est-ce que je glandais depuis ma naissance pour mal me connaître ainsi ? ...), je me suis rendue compte que je n'arrivais pas à trouver ce qui me ressourçait et cela me pesait sur le moral. Qu'est-ce qui me donnait de l'énergie et qu'est ce qui m'en vidait ? Grâce à une meilleure conscience de mes émotions j'ai fini par réussir à dresser une première liste de ce qui me plombait et ce qui me ressourçait (qui reste évidemment à compléter toute ma vie) :

J'aimais prendre un bain avec des bougies, avoir une grasse matinée au moins une fois dans la semaine, travailler à plein temps, écrire, marcher dans la nature, manger au restaurant, lire des histoires à mon fils, donner le bain à mon fils, voir mes amis et ma famille. Je n'aimais pas garder mon fils le mercredi, que mon fils dorme dans notre chambre, crier sur lui, me disputer avec mes proches, cuisiner des petits pots à mon fils, cuisiner tout court, laver le nez de mon fils, changer les couches, tout faire à la maison et avoir à penser à tout.

Ce fut très utile de prendre conscience de ce qui me remplissait d'énergie et de puiser dans cette liste quand je me sentais vidée. Dès que la boussole indiquait que ça n'allait pas fort, hop, pourquoi pas un petit bain pour me ressourcer ou une petite balade ? À l'inverse, identifier ce qui me plombait m'a aidée à m'organiser avec mon mari et anticiper les situations qui allaient me miner le moral. Si j'étais déjà fatiguée ou à bout de nerfs, inutile d'en rajouter, je passais mon tour.

Il y a tout de même une émotion sur ma boussole qui a été plus compliquée à écouter que les autres : c'était ma culpabilité. Si la culpabilité est un sentiment pénible à vivre pour moi, je me suis rendue compte au fur et à mesure qu'elle n'était peut-être pas à jeter en bloc comme j'en avais envie. C'est un sentiment qui peut être important à sa manière dans mon panel d'émotions. Au début, ressentir de la culpabilité me peinait car je me disais que j'avais mal agi et que c'était trop tard, je m'exclamais à l'intérieur « mais qu'est-ce que j'ai fait ? ». J'ai eu la chance de tomber sur les écrits de la pédiatre Catherine Guegen dans son livre « Lettre à un jeune parent ». Ce fut une révélation pour moi. Une bulle de douceur incroyable venant éclater sur mon monde de jeune maman écorchée. Son livre m'a ouvert les yeux sur l'empathie que l'on doit s'apporter en tant que parent et surtout que rien n'est perdu avec un enfant : tout est à construire ! Autant vous dire que j'ai préféré cette version de la parentalité à celle que j'avais entendue parfois qui était « tout se joue avant trois ans » qui m'a donné l'impression d'avoir une épée de Damoclès sur la tête. Comme si j'avais un compte à rebours durant lequel je devais limiter mes erreurs pendant trois années ! Les premières en plus !...ce fut un poids horrible pour moi de penser à cette phrase. Ainsi, mieux que de se dire que l'on peut tout construire ou reconstruire avec son enfant, son livre m'a montré que la culpabilité nous donne une super occasion : celle de mieux faire la prochaine fois. Plutôt que de s'enfoncer dans le « je suis une maman nulle », on peut se tendre la main vers un « Zut...bon allez, la prochaine fois je ferai mieux ! » et se sentir même boostée par ses erreurs. Cette occasion de rebondir est une seconde chance que j'ai enfin pu m'accorder. Ma culpabilité pouvait donc être une force et une ressource, et ça je ne l'avais jamais réalisé dans ma vie en vingt-huit ans...

Apprendre à me connaître a été très important car j'avais vécu tout ce temps en ayant conscience de certaines de mes forces et certaines de mes faiblesses, mais beaucoup de choses avaient été remises en question à la naissance de mon fils. J'ai cru que toutes mes certitudes s'étaient envolées. Il fallait tout reprendre car, je savais quelle femme j'étais, quelle épouse à la limite...mais quelle maman est-ce que j'étais ? Je ne le savais pas. Et c'est là toute la difficulté et tout le chemin d'une jeune maman : rencontrer la mère qu'elle est. Toujours dans mon cheminement, j'ai tenté de dresser la liste de mes forces et de mes faiblesses avec le peu d'expérience de maman que j'avais. La liste de mes faiblesses était plutôt facile à faire puisque à chaque fois que je remarquais quelque chose qui n'allait pas, qui me blessait ou me faisait me sentir mal, je finissais par tomber sur l'une d'elles et je les ai toutes listées dans le chapitre précédent. En revanche, dresser la liste de mes forces a été un exercice très compliqué. C'était plutôt dans mon habitude de voir mes faiblesses (et de les doubler d'un « bouhou je suis nulle » ...), mais mes forces ? Je savais que je devais en avoir, mais je n'étais pas entraînée à les repérer. J'ai fini par mener l'exercice jusqu'au bout et je me suis rendue compte que j'étais douée pour :

– Lister mes faiblesses (c'est une évidence à ce stade mais c'est à mon sens un atout tout de même) ;

– Être créative (notamment pour inventer des histoires, trouver des diversions ou des jeux pour que mon fils collabore) ;

– Pardonner ;

– Garder espoir ;

– Travailler, bosser, répéter, bachoter (c'est mon côté très scolaire).

Bon, c'était déjà un bon début. J'ai donc réalisé que j'avais du potentiel pour aller mieux et pour avoir une vie qui me correspondait mieux. J'allais travailler et m'entraîner au développement personnel en utilisant la carte de mes objectifs profonds, ma boussole et une meilleure conscience de mes forces et de mes faiblesses. J'avais de l'espoir et donc j'allais apprendre à la gravir cette satanée montagne. Ma motivation avait fait un pas immense avec ces découvertes, il n'y avait plus qu'à essayer. Mais il y avait encore une notion que je devais explorer pour comprendre qui j'étais vraiment : l'authenticité.

Au-delà de la boussole de nos émotions, de ce que l'on aime ou pas, de nos forces et de nos faiblesses, il y a aussi nos intentions qui sont significatives et nous informent sur le chemin que nous prenons. Elles nous indiquent l'état d'esprit dans lequel nous sommes. Je trouve que les mamans dans leur relation avec leur bébé n'échappent pas au dicton « c'est l'intention qui compte ». Je dirai que c'est même ce qui prédomine. Déjà qu'entre adultes on dit que les inconscients se parlent et qu'on arrive plus ou moins clairement à sentir ce que les autres pensent au fond ou ont comme idée derrière la tête lorsqu'ils nous parlent. Alors imaginez, lorsque vous communiquez avec un petit être qui n'a ni la parole, ni le décodage du langage, qui ne comprend que votre gestuelle, vos mimiques, l'intonation de votre voix, l'énergie dans laquelle vous êtes et qui en plus vous connait par cœur car pendant neuf mois il a été en fusion avec vous : et bien ce petit bébé, il est impossible à duper. C'est pourquoi, dans tout ce que vous pourrez faire ou lui dire, je pense qu'il en captera l'intention principale cachée derrière. Alors personnellement, cela m'a beaucoup aidée quand je ne savais pas quoi faire ou que je n'étais pas sûre de moi (donc très souvent vous l'aurez compris), de me demander pourquoi finalement je faisais cette action ou pourquoi je disais ces mots. Et cet exercice n'a de sens que s'il est fait avec honnêteté, authenticité... alors posons-nous la question : « quelle est mon intention derrière cela ? » :

Je veux faire de la diversification autonome (DEA) (c'est quand le bébé découvre les aliments seul et avec ses doigts pour faire court) : Est-ce pour qu'il apprenne l'autonomie ? Est-ce que c'est pour qu'il prenne confiance en lui à travers cette expérience et cette façon de s'alimenter ? Ou bien c'est pour avoir le label « super maman » que je le fais (oui pratiquer la DEA pour les intimes ça en jette auprès des copines...) ?

Je veux lui faire des exercices de motricité : Est-ce que c'est pour passer un bon moment avec lui ? est-ce que c'est pour le guider et lui montrer qu'ensemble on peut arriver à de plus grandes possibilités ? Ou bien c'est parce que le bébé de ma copine qui a le même âge se retourne déjà, ou fait déjà du quatre pattes ? Est-ce que c'est parce que sur internet c'est écrit qu'à cinq mois il « doit » (! ?) pouvoir se retourner ?

Je le mets dans sa chambre seul pour qu'il dorme le soir : Est-ce parce que j'ai un réel besoin d'intimité avec le papa dans notre chambre à nous ? Ou bien parce que les gens me disent que s'il dort dans notre chambre c'est une « mauvaise habitude » ? Est-ce que c'est parce qu'après j'ai peur qu'il ne veuille plus dormir dans sa chambre, même à dix-huit ans ?

Je le garde le mercredi et ne le mets pas chez la nounou pour passer plus de temps en semaine avec lui : est-ce pour profiter de lui au maximum ? Est-ce parce que je suis convaincue qu'on ne passe pas assez de temps ensemble et que j'en ai envie ? Ou bien c'est parce que je culpabilise de le mettre chez la nounou ? Est-ce parce que pour moi, une « bonne maman » doit garder son bébé le mercredi et aimer ça sans trouver cela difficile ou sans rêver de le mettre chez la nounou le mercredi aussi pour souffler ? » ...

Je veux qu'il mange son petit pot : Parce que je pense que ça peut être une expérience de le voir goûter à cette saveur ? Parce que je pense qu'il a faim et qu'il peut en avoir envie ? Ou bien parce que j'ai peur qu'il ne mange pas assez et que j'ai un besoin frénétique (presque animal) de le gaver pour qu'il satisfasse mon envie d'être une bonne mère nourricière ?

En prenant le temps de réfléchir un petit instant, j'ai vu que souvent quand il y avait un conflit en moi vis-à-vis de mes choix (et que la boussole s'affolait), c'était que mes intentions n'étaient souvent pas les bonnes. Et croyez-moi, la limite entre les bonnes et les mauvaises intentions est fine comme du papier à cigarette et bébé capte tout de ce qui est en jeu dans une situation. Si maman fait ceci ou cela pour coller à une image parfaite de maman, pour frimer avec les copines, pour correspondre à ce que les gens disent ou par peur de ce qu'ils diront ou peur d'autre chose, ça ne va pas aller. Vérifier mon intention a donc été un indice précieux et que je continue d'appliquer. Il m'a fallu du courage pour me regarder dans le miroir telle que j'étais, pour reconnaître que je voulais bien faire et surtout mieux que les copines, que c'était mon égo qui pilotait parfois. Mais je pense que c'est vraiment important car je ne voulais plus que mon bébé grandisse avec une maman mi- moi, mi-femme que j'ai vu dans les magazines et qui ressemble à la mère parfaite que je voudrais être. Tendre vers l'authenticité a été et est encore un exercice que j'aime bien pratiquer car c'est une façon de m'accepter comme je suis : imparfaite, parfois teintée de jalousie ou d'égo. J'ai des failles, je suis impactée par le regard des autres, j'ai des illusions. Mais je les regarde en face et les reconnais pour pouvoir comprendre l'information que cela cache, les besoins, les désirs, les envies en toute transparence. Je suis convaincue qu'on ne peut pas avancer avec sa boussole et sa carte dans la bonne direction si l'on n'est pas au clair avec ses intentions.

Dans un troisième et dernier temps, apprendre l'empathie et la confiance

Le second chapitre l'a bien mis en avant, en devenant maman j'ai essayé de ressembler à une femme que je n'étais pas vraiment. Mais s'il y a bien une chose que l'on peut dire c'est que la maman parfaite à laquelle j'ai voulu ressembler de prime abord était dépourvue d'empathie. J'ai toujours connu cette notion dans ma vie. Ça m'est arrivé de le ressentir quelquefois pour les autres. Mais pour moi, j'ai compris que c'était très rare et que je n'avais pas du tout ce réflexe. Je me suis tellement jugée. J'ai cru dans un premier temps que c'était moi qui avais un problème et, au lieu de me tendre la main, j'ai cru que j'avais besoin d'un coup de pied aux fesses. Mon frein principal était que je confondais l'empathie avec le fait de se trouver des excuses. J'avais l'impression que si j'avais crié sur mon fils, me dire « bon ma cocotte, t'as eu une sale journée, tu es fatiguée, ça arrive » était une façon de me dédouaner et de me déresponsabiliser. Une façon de me trouver une excuse à mon comportement exagéré. Mais j'ai appris que l'empathie ne nous empêche pas d'assumer les conséquences de nos actes. Elle nous aide à comprendre pourquoi nous avons réagi ainsi. En partant du postulat que personne n'est fondamentalement méchant, mais que nous avons des blessures, de la fatigue et des épreuves, il est plus facile de moins juger et de mieux comprendre que l'autre puisse être à vif. Je n'étais pas une mauvaise maman, mais une maman à bout. En listant les choses qui n'allaient pas dans ma maternité et à travers ma thérapie, j'ai donc réussi à toucher du doigt la notion d'empathie envers moi. Cela m'a fait beaucoup de bien et ce qui fut génial c'est qu'avec quelques mois de pratique ça m'a semblé devenir de plus en plus facile. Pour chaque scène qui ne m'avait pas plu, ou à chaque fois que je n'avais pas aimé mon comportement avec mon fils, j'arrivais progressivement à me détacher du « tu as été nulle » que j'avais l'habitude de me dire. Développer mon empathie pour moi a été un vrai médicament, un vrai pansement. Ce fut un reposant silence sur les jugements incessants dans ma tête. De plus, cela m'a également appris à développer encore mieux mon empathie pour les autres (envers mon fils, envers mon mari et souvent les autres parents...). Comme je commençais à lâcher la pression et les jugements sur moi, j'ai fait la même chose envers les autres aussi. Aujourd'hui, quand je vois une autre maman ou un autre parent, je le considère avec beaucoup de respect et d'humilité. Quels dénivelés, quels cols, quels gouffres a-t-il surmontés sur sa montagne à lui ? Personne ne pouvait deviner à quel point j'avais souffert et galéré dans mes débuts. À quel point j'ai été malheureuse et perdue. Ma mère m'a dit un jour que je lui racontais mon ressenti « C'est à ce point-là ? ! Purée ça ne se voit pas du tout. En te voyant on ne croirait jamais ça ! ». Ça n'est pas écrit sur nos fronts nos dépressions, nos violences subies, nos démons et nos combats. Alors quand je vois une autre maman, surtout si en plus je vois qu'elle galère, c'est comme si j'étais directement connectée à sa souffrance et imaginais ce que ça pouvait être. Loin de moi l'idée de lui prodiguer des conseils à ce moment-là. J'ai juste de l'empathie pour elle.

Si l'empathie est un pansement à avoir dans sa besace de randonneur, il y a un autre remède que j'ai eu la chance de trouver sur mon parcours. Celui qui donne de l'élan et nous pousse comme le vent, celui qui réchauffe aussi notre cœur quand on gèle sur nos sommets. C'est le pouvoir de la confiance. Facile à dire, très complexe à ressentir, j'ai galéré au début quand ma thérapeute et mes exercices de coaching m'ont menée vers cette notion, surtout pour quelqu'un qui avait pour habitude d'avoir peur de tout. Choisir de faire confiance quel que soit le sujet (à la vie, au processus de thérapie, à la croissance de mon fils, au fait que j'y arriverai...) a représenté pour moi l'équivalent de me laisser tomber dans le vide du haut d'une falaise. Je me souviens la première fois que je me suis dit à propos de mon fils « Bon de toute façon je n'y peux rien concernant ceci ou cela, alors on verra bien... ». Je ressentais une énorme angoisse instantanément. Les boutons de mon tableau de bord se mettaient à clignoter en rouge comme si j'avais lâché le volant sur lequel j'étais fermement agrippée depuis toute ma vie, persuadée que si je restais aux commandes tout le temps, rien de grave ne m'arriverait et tout se passerait comme j'en avais envie. Ce sont les écrits de Charlotte Ducharme qui m'ont initiée à la notion fondamentale de « confiance en la vie ». Nous aidant à intégrer et réaliser que chaque épreuve dans notre vie a eu du bon pour nous, elle tisse le fil de ses idées jusqu'à nous amener à comprendre que peu importe ce qu'il nous arrive, il y aura toujours du bon pour nous dans cette expérience. Ainsi, nous pouvons lâcher prise et faire confiance à l'avenir pour ce qu'il nous apportera. La confiance est donc couplée à la notion de gratitude que nous pouvons ressentir dans notre vie pour ce qui va bien, mais aussi pour les épreuves qui nous arrivent. Ce qui est difficile avec la confiance et la gratitude, c'est qu'il y a une différence entre les comprendre et les ressentir en profondeur. La gratitude a été un exercice vraiment ardu pour moi au début. J'avais du mal à ressentir au fond de moi cette étincelle de bonheur, cette chaleur mielleuse qui fait que l'on se sent chanceux pour ce qu'il y a dans notre vie ici et maintenant. La magie de ce qui fonctionne, le doux qu'on ne sent plus et le beau qu'on ne voit plus. Alors à n'en plus parler pour ce qui sont des épreuves ! Comment ressentir de la gratitude quand on a traversé les moments les plus sombres de notre vie, qu'y repenser représente le plus mauvais souvenir et constitue les plus honteuses anecdotes qu'on aurait aimé gommer de notre histoire à tout jamais. Eh bien ma prise de conscience arriva avec un exercice émouvant dans lequel on m'a proposé de lister mes épreuves passées et d'en conscientiser les répercussions bénéfiques qu'elles ont eues dans ma vie d'aujourd'hui. C'était bien grâce à un premier patron difficile que j'ai appris à dire non. C'était grâce à un collègue néfaste pour moi que j'ai eu l'impulsion de changer de poste et d'en trouver un bien meilleur. C'était grâce à une grosse déception amoureuse que j'ai fait certains choix me conduisant jusqu'à la rencontre de mon mari...la liste s'est terminée par : c'est bien grâce à mon accouchement terrible et à ma dépression post-partum que j'en suis arrivée à faire une thérapie, mieux me connaître et mieux vivre dans le respect de mon individualité avec mon bébé et mon mari. Si aucune de ces épreuves ne m'était arrivée, je n'en serais pas là dans ma vie. Je n'aurais pas aujourd'hui dans mon existence plusieurs personnes d'une valeur inestimable à mes yeux. Je n'aurais pas vécu non plus de très beaux moments. Pendant tout ce temps, je cherchais à tout contrôler sans réaliser que déjà je n'y arrivais pas du tout et qu'en plus derrière chacune de mes épreuves il y avait une chance ou un cadeau de la vie. J'ai ainsi réussi à comprendre une première fois le fameux « lâcher prise ». Il me faudra encore beaucoup d'entraînement pour réussir à faire confiance du premier coup à la vie mais avoir cette confiance dans le fait que, quoi qu'il arrive, l'expérience que je traverse m'apportera quelque chose fut une grande avancée pour moi. L'un des exemples les plus flagrant de lâcher prise, de confiance et de gratitude que j'ai eu dans mon expérience de jeune maman fut l'évolution du sommeil de mon fils. Comme je l'ai raconté plus tôt, mon fils ne faisait toujours pas ses nuits à dix-huit mois et se levait tous les soirs au moins une fois. Ne voulant pas le laisser pleurer (ou plutôt hurler) seul, nous allions le voir à chaque fois, faire un câlin, un bisou, un acte de présence. Je commençais à croire que quelque chose n'allait pas, que nous avions loupé une étape avec lui. J'ai cherché dans des bouquins, trouvé des méthodes sur internet, parlé avec des professionnels, mais beaucoup de méthodes ne me convenaient pas et beaucoup étaient très chères. Puis j'ai fini par choisir de suivre le coaching en ligne de Charlotte Ducharme sur le sommeil, abordable et surtout à adapter à chaque famille : le principe était de regarder plusieurs vidéos avant, puis de se lancer avec son fils ensuite. Ces vidéos aidaient à poser le problème du sommeil dans son ensemble (réflexion sur la situation, les particularités de mon enfant, de son histoire ou de la mienne, de mon mari, ce qui nous pesait dans la situation ...) et d'autres étaient très factuelles « Voilà quoi faire les quinze prochains jours ». Le cœur de ce coaching reposait principalement sur :

–La conviction intime et profonde que la situation actuelle n'était plus possible et que donc il fallait changer de méthode quitte à passer plusieurs jours difficiles. (Le bonheur et le bien-être de mon enfant sont de valeur égale à mon bonheur et mon bien-être pour que la vie ensemble soit possible dans la durée) ;

–L'accompagnement de l'enfant vers son autonomie sans le laisser pleurer seul (la méthode de le laisser progressivement 5, 10 et 15 minutes que j'avais vu ailleurs ne me convenait pas du tout) ;

–Avoir confiance : mon enfant allait réussir à s'endormir seul sans se relever la nuit.

Ce dernier point « faire confiance à mon fils » était ultra difficile pour moi. Je me suis dit au début « mais jamais ça ne marchera, j'ai gaspillé mon argent avec ce coaching. Jamais mon fils ne va s'endormir seul et ne plus se lever la nuit ! ». Après avoir repoussé l'échéance plusieurs fois (à cause de moi et de mes peurs), nous avons finalement mis en place le protocole, et je me suis forcée à lâcher la boule au ventre. On allait voir et qui sait ce qu'il se passerait sur un malentendu. Mon fils n'a pas eu besoin d'aller jusqu'aux quinze jours du programme pour s'endormir et faire ses nuits seuls. Il a un peu pleuré car son habitude était d'avoir papa ou maman pour le bercer chaque soirs/nuits, mais nous étions dans la chambre avec lui, à lui parler, nous l'avons accompagné et très vite, il a compris que nous avions confiance dans le fait qu'il puisse s'endormir seul et ne plus se réveiller la nuit. Ce coaching, au-delà du « miracle » d'un enfant qui fait enfin ses nuits, m'a apporté beaucoup car j'ai compris que ma façon de penser changeait tout.

Avant je me disais le soir en couchant mon fils « le pauvre, il va devoir dormir tout seul. Il n'a été que trois heures avec nous alors qu'il a été toute la journée chez la nounou. Et puis on est trop en fusion, c'est ma faute. C'est pour ça qu'il se lève la nuit… ». Mon fils devait sentir toute cette montagne d'inquiétudes et de brouillard autour du moment du couché et surtout ce sentiment qu'il n'est pas (encore) capable à mes yeux de dormir à poings fermés. Dans certaines familles, j'ai appris que les enfants ne passaient parfois qu'une heure par jour avec leurs parents et que ça pouvait très bien suffire à leur équilibre. Donc plus de culpabilité, de doute ou de pression, mon fils avait sa dose de papa et maman. Je faisais déjà mon maximum donc tout allait bien.

L'expérience du coaching sur le sommeil m'a fait réaliser que mon attitude, mes pensées et mes croyances étaient en résonance avec mon fils et avaient un impact sur lui, découverte qui m'a servie bien au-delà de la thématique du sommeil. Il y a eu un avant et un après coaching du sommeil dans mon chemin de maman. Là encore, si je fais le même exercice sur la confiance, je vois alors que si mon fils n'avait pas eu de problème de sommeil et que je n'étais pas en difficulté, je ne serais pas allée chercher une solution qui m'a apporté beaucoup plus qu'une simple réponse à mon problème. La confiance serait donc une alliée précieuse sur ma montagne.

Pour apprendre à faire confiance, un ultime exercice m'a beaucoup aidée : identifier mes peurs et aller au bout du film catastrophe. Même si c'est inconfortable, que ça fait encore plus flipper, déroulons la bobine jusqu'au bout de ma peur pour voir où ça me mène :

J'ai peur qu'il ne mange pas assez, alors qu'est ce qui se passerait s'il ne mangeait pas assez ? Eh bien oui il va perdre du poids et si ça devient critique j'ai la chance d'être dans un pays, une société, où il sera pris en charge à l'hôpital.

J'ai peur qu'il soit en retard par rapport aux autres bébés. Alors quel est le problème s'il est en retard par rapport aux autres bébés ? Quel sera l'impact sur sa vie d'adulte ? Je ne me souviens pas, finalement après réflexion, que l'on frime dans nos sociétés à la pause-café en disant « moi j'ai marché à 8 mois », « et moi j'ai fait mes dents à 2 mois », « moi j'ai fait mes nuits à un mois », « et moi j'ai fait mon premier caca moulé à 4 mois ». Et, si la vie me donne cette chance d'avoir un bébé qui reste en bonne santé, il finira par marcher, faire ses dents, ses nuits et ses cacas moulés. La différence avec les autres, si tant est qu'elle soit importante (un indice : la réponse est non...) sera invisible dans quelques années. Donc pourquoi ne pas lui laisser plus de tranquillité avec ces « exercices de motricité », inspecter ses gencives et guetter la texture de son caca tous les matins ? Je peux aussi lui donner le luxe d'aller à son rythme et d'être lui-même dans une société ou très vite il va devoir coller au planning et rentrer dans un moule.

J'ai peur qu'il nous manipule en pleurant. Alors quel est le problème avec cela ? Est-ce que cela ferait de moi une maman bête ? Est-ce que cela ferait de mon enfant un capricieux plus tard ? Peut-être que je peux me faire confiance pour l'éducation de mon fils et croire que l'on pourra avoir une belle relation. Peut-être que je peux arrêter d'être dans la méfiance de ses pleurs dans certaines situations. Le pire c'est que j'ai le souvenir de moi, enfant, qui exagérait un peu mes pleurs quand ma mère ou mon père s'approchait pour voir ce qui se passait. Alors pourquoi mon fils n'aurait-il pas le droit de faire pareil parce qu'il a besoin d'attention ou d'un câlin ?

En allant au bout de mes raisonnements à chaque fois que j'avais peur, je me suis rendue compte que la boule au ventre finissait par s'envoler. Était-ce le fait de les écouter pour une fois ? Était-ce le fait de les laisser grandir et parler de tout ce qu'il y avait derrière plutôt que de les mettre sous le tapis ? Était-ce le fait d'avoir confiance

dans le fait que chaque problème avait une solution ? Je continue aujourd'hui quand l'angoisse arrive de prendre un stylo et une feuille et d'écrire mes peurs aussi bizarres soient-elles (zut, on avait dit pas de jugement !) et de dérouler les conséquences de celles-ci jusqu'à ce que je m'apaise.
Ma randonnée prenait enfin une nouvelle tournure. En quelques mois seulement, j'avais de nouveaux outils très efficaces et collecté pas mal d'informations précieuses sur moi. Mais bien entendu, comme tout apprentissage, je me suis vite rendue compte qu'il allait falloir me muscler. Je savais qu'il faudrait m'entraîner pour utiliser mes outils et les synchroniser dans une nouvelle chorégraphie. Au début c'était très clair, il m'a fallu lutter contre mes anciens schémas de pensées classiques. Il m'a fallu passer pas mal de temps sur le sujet et faire des efforts pour comprendre ce que je ressentais au fond, identifier ce qui m'avait vraiment plu ou dérangé. Je savais que ça serait la pratique, la répétition puis enfin l'habitude qui m'aideraient à trouver ma voie de parent. Avec la pratique j'allais pouvoir trouver et devenir la maman que je suis, la laisser éclore sans les pressions, les jugements, les diktats, les images ou les stéréotypes. Avec transparence, plusieurs fois dans les mois qui ont suivi la découverte de tous ces outils il m'a quand même été très difficile de réussir à tout utiliser en même temps. Si j'arrivais à lire la boussole, je perdais la carte et si je retrouvais ma carte et suivais ma boussole, je n'arrivais pas à voir que mon rythme de randonnée n'était pas bon, ou bien je perdais mon empathie à chaque chute. J'ai donc appris aussi à accepter que tout cela prenait du temps et que parfois j'allais faire bivouac sur ma montagne sans avancer. Ça serait un pas à la fois, mais un pas dans la bonne direction pour moi.

Une réflexion à plus grande échelle

J'aimerais, je rêverais, je milite pour que dans le futur, les montagnes de tous les parents soient équipées de téléphériques, de télésièges, tire-fesses ou, a minima d'escaliers, voire d'un sentier balisé. Si j'en avais le pouvoir je développerais des cours de préparation à la parentalité sur le même format que des cours de préparation à l'accouchement : Non obligatoires, fortement conseillés et surtout remboursés. Dans ces cours, on expliquerait exactement comme pour la préparation à l'accouchement les grandes tendances générales dans ce que vivent les jeunes parents, on aborderait les particularités mais aussi les cas critiques et comment réagir. Les parents devraient être formés pour une tâche aussi complexe et éreintante que l'éducation d'un enfant. La colère m'anime quand je vois que l'on devient parent sans préparation psychologique et avec trop peu d'informations. C'est aussi aberrant que d'aller faire l'Everest sans entraînement. Alors c'est vrai que l'on ne peut pas s'entraîner à avoir un enfant à proprement parler. Mais je suis convaincue que l'on se débrouillerait beaucoup mieux avec une formation. Ça n'empêcherait pas les erreurs, les maltraitances, le mal-être de certains parents, mais ça permettrait d'en avoir quand même beaucoup moins, de la même façon qu'on a moins d'accident de voiture car tout le monde apprend à conduire avec un formateur plutôt que d'apprendre seul.

Il me paraît fondamental d'enseigner aux futurs ou jeunes parents les notions suivantes :

– Le B.A.BA : Les premiers jours du post-partum pour la femme (ce qui se passe à la maternité, le corps, le moral, le baby-blues, le retour à la maison…) et le post-partum à plus long terme (le cumul de la fatigue, l'équilibre bouleversé, le deuil de certaines choses associé à la découverte de nouvelles joies, le cas possible de la dépression post-partum). Ensuite la notion fondamentale est que nous devons trouver le parent que nous sommes en fonction du bébé que nous avons aussi parce qu'il n'y a pas de modèle de parent universel. Cette recherche peut être plus ou moins compliquée en fonction des parents à cause des aspects psychologiques et sociétaux inhérents à la parentalité.

– Pour l'aspect psychologique : Avoir un enfant va réveiller nos blessures. Il y a cinq blessures « types » (rejet, humiliation, abandon, trahison et l'injustice) que l'on porte tous en nous avec des profondeurs différentes. La parentalité, comme toute autre expérience de notre vie, va réveiller ces blessures en fonction de notre passé. Au-delà de ces blessures types, il y a nos traumas passés qui peuvent générer des comportements et des émotions qui rendent difficile la parentalité : la peur, le besoin de contrôle, le besoin de puissance, sa propre dévalorisation. Nos actions peuvent être guidées par ces souffrances qui nous habitent. Devenir parent est un challenge car la fatigue physique et émotionnelle peut amplifier ces ressentis et pousser les émotions à leurs extrêmes. On peut aussi ressentir le poids de la responsabilité, de la réduction des libertés, des tâches répétitives au quotidien.

– Pour le sociétal : On vit dans une société où la parentalité est un sujet qui fait débat. On retrouve malheureusement bien souvent dans les expériences de jeunes parents le fait de douter car on entend tout et son contraire, le fait de se sentir en échec, le fait de se sentir jugé, l'intrusion dans l'intimité. Point particulier pour le travail, les femmes revenant de congés maternité ont des droits.

– Pour la boîte à outil : Il est important d'apprendre à développer sa boussole intérieure en écoutant ses émotions et derrière chaque émotion se cache un besoin dont il faut prendre soin. Il est fortement conseillé de considérer la parentalité comme une activité à part entière qui peut nécessiter un accompagnement par un professionnel ou un coach. La connaissance de soi, l'authenticité, l'empathie et la confiance aident énormément. Autre chose importante : pas de pression parce que la parentalité est un apprentissage, que les erreurs sont normales et que ce n'est pas grave. Enfin, se remémorer que la petite enfance est une étape dans notre expérience de parents et que ça passe.

J'imagine que ces cours pourraient présenter des exemples de situations où chaque parent pourrait ressentir des émotions différentes, démontrant ainsi que nos réactions nous appartiennent et parlent de nous. Ces cours seraient précieux pour permettre à tous d'intégrer la singularité de chaque personne, couple et enfant. Ce qui convient à un parent (où qui a fonctionné pour un parent) avec son enfant et pour son couple peut ne pas nous convenir à nous ou à notre enfant. Le but ne serait pas de faire peur aux jeunes parents évidemment mais de les prévenir que c'est un challenge qui les attend, que ça pourrait être très difficile (tout comme on nous apprend que l'accouchement est dans la plupart des cas très douloureux et qu'il faut se préparer à cette douleur). Si chaque parent arrivait dans le monde de la parentalité avec ces informations et avec des outils à disposition, ça serait extra. Qu'on leur donne a minima carte, boussole, et équipement pour leur montagne !

Je rêverais que des cours de préparation à la parentalité de ce type soient disponibles, remboursés et suivis par les jeunes parents. Que ces dispositifs entrent dans les mœurs. L'idéal serait que nos gouvernements réalisent que ce sujet est très important, voire crucial pour la société. C'est selon moi un enjeu citoyen et de santé publique. Si moi, j'ai tendu vers la dépression, d'autres parents peuvent sombrer dans la séparation, l'abandon de leur enfant, ou pire encore la violence sur leur enfant ou envers eux-mêmes.

Pour moi, c'est un sujet encore plus important que les cours de préparation à l'accouchement car, une fois ce dernier passé, l'utilité du savoir que l'on en a disparaît. Alors que quand on devient parent, c'est pour toute la vie. Apporter de l'aide, de l'information et un accompagnement aux jeunes parents est un investissement sur le long terme car ce sont les premiers jours, mois et années des adultes de demain que nous impactons (en plus de l'aide directe et concrète pour les jeunes parents). J'ai le sentiment que la parentalité est encore perçue comme quelque chose d'inné, comme si la science n'avait jamais planché sur le sujet, comme si en parler n'était pas utile car tout coulait de source. Rien que par son existence, une formation enverrait le signal que devenir parent est un apprentissage, que ça se questionne, se réfléchit et se travaille. Surtout que ces dernières années il y a de plus en plus de personnes qui prennent la parole sur l'éducation, sur la maltraitance infantile, sur l'éducation positive. Si je trouve ces prises de parole très intéressantes, je sais qu'elles ont aussi pu me faire culpabiliser à plusieurs moments parce que même si j'aimerais bien être bienveillante, cela m'est parfois impossible. Mon cerveau est parfois bloqué dans des réactions agressives à cause de traumas non réglés et on ne dit pas assez aux jeunes parents que la bienveillance, l'éducation positive, l'accueil des émotions de leur enfant n'est parfois pas possible pour eux et qu'il leur faut de l'aide. C'est pour cela que je parle plus de formation que d'information. L'information parfois ne suffit pas.

Enfin, quand je vois ce que j'ai appris à travers le peu d'expérience de parent que j'ai, je constate qu'au-delà de choses concrètes en lien avec mon enfant, j'ai appris beaucoup sur moi et je me suis redécouverte. J'ai appris à avoir et à développer de l'empathie pour les autres mais aussi pour moi-même, à moins me juger et juger les autres, à plus me respecter et respecter les autres. À écouter mes émotions et celles des autres. Ce sont pour moi des compétences que l'on devrait tous encourager à développer, déjà pour nous, certes, mais aussi pour le couple, pour le boulot, pour la société, pour le collectif. Pourquoi même, tout ceci n'est-il pas appris à l'école ? À travers la formation à la parentalité, c'est une formation à l'écoute de soi, au développement et à l'épanouissement de soi que l'on ferait. Il y a pour moi un bénéfice citoyen à long terme. En tout cas, toute initiative qui viserait à faire des jeunes parents des individus plus heureux et moins perdus tendrait à rendre le monde meilleur. Ma vigueur sur le sujet vient du fait que j'aurais adoré avoir une telle formation qui m'aurait beaucoup servie et aurait probablement servi à beaucoup de jeunes parents que je vois autour de moi. Même si chaque situation est particulière, chaque montagne est singulière et chaque randonneur à un profil différent, il est plus facile de faire une ascension quand on a le bon équipement complet, kit de survie et une formation « premiers secours en montagne » par exemple et un parcours de montagne balisé. Je referme donc ce chapitre le cœur triste mais plein d'espoir en rêvant qu'un jour les montagnes soient équipées pour les randonneurs que nous sommes et qu'il y ait, a minima, des magasins de randonnée, des « Décathlons » pour jeunes parents où l'on aurait accès à tout l'équipement émotionnel nécessaire pour gravir notre Everest de la parentalité.

Alors où vais-je maintenant ?

Mon fils m'a prise par la main pour m'emmener sur un chemin aussi pentu et périlleux que l'Everest. Sur ce chemin, j'ai cru que j'allais apprendre à devenir une maman comme j'en rêvais et que j'allais rencontrer mon fils comme je l'avais imaginé, mais ce fut bien différent. J'ai d'abord rencontré une montagne de difficultés, fait une multitude de chutes dont j'ai dû cicatriser avant de continuer. Avec des pauses et une volonté féroce de ne plus continuer à parcourir mon sentier dans la souffrance, j'en ai appris beaucoup sur moi. J'ai réussi pour la première fois de ma vie à me rencontrer dans la vulnérabilité, dans l'authenticité et dans l'empathie. J'ai ensuite cherché des outils au beau milieu de ma montagne pour la suite de mon ascension et ai trouvé une boussole (mes émotions) qui m'indique toujours le Nord, une carte avec ma destination (mes objectifs) et un nouvel équipement pour gravir ma montagne : la connaissance de mes forces et de mes faiblesses, des pansements d'empathie quand je tombe et échoue, une gourde remplie d'espoir, de joie et d'amour, un bâton avec mes lectures et mon appli de coaching pour me soutenir dans mes efforts quand c'est dur. Je m'accorde du temps pour vérifier régulièrement que je ne me suis pas égarée, que je ne me trompe pas de direction, plutôt que de foncer tête baissée. Et même si c'est régulièrement le bordel entre tous ces outils que je ne maîtrise pas encore et mon équipement auquel je ne suis pas habituée, eh bien j'y vais. J'avance. Je prends un jour à la fois, un problème à la fois, et je regarde au fur et à mesure mes petits pas qui, mis bout à bout, m'emmènent un peu plus loin.

Je continue d'avancer, je remarque même qu'au fil des mois, je commence à me muscler, à prendre le rythme. Par moment, la pente est de moins en moins raide. Je commence à prendre l'habitude de cette randonnée, même si elle reste très dure pour moi, que parfois ça cafouille et que je tombe, je continue de progresser. Je me rode à l'exercice.

Et puis voilà qu'au moment où mon rythme de croisière est lancé, que je suis concentrée sur ma parentalité, mon chemin croise un nouveau petit panneau sur lequel il est écrit « + ». Je lève les yeux et je vois qu'au loin, ce petit panneau indique la direction d'une énorme nouvelle montagne devant moi. Elle est plus grande mais différente. Elle n'a pas du tout la même forme, pas du tout la même végétation, pas le même climat. Cette nouvelle montagne est derrière plein de nuages et je ne la vois pas très bien. Elle semble juste à cet instant bourrée de challenges aussi. Alors, je cède à mon premier réflexe, j'ai peur. Peur de ce qu'elle me réserve cette nouvelle montagne, peur encore de trouver ça trop dur, de me sentir aussi mal qu'au début de celle que je gravis depuis déjà de longs mois...Mais je me ressaisis, je prends une petite gorgée de confiance en la vie et je reprends mon chemin. De toute façon j'ai le temps de voir venir cette nouvelle montagne, elle est à neuf mois de marche...

Remerciements

Je tiens à remercier mon fils, celui qui m'a prise par la main en direction de la montagne la plus haute de ma vie. Merci de m'avoir challengée et de continuer à le faire chaque jour, même si c'est difficile. Grâce à toi, j'ai appris qui je suis vraiment, en profondeur, et je continue de grandir chaque jour à tes côtés.

Merci à mon mari pour son soutien incroyable depuis les premières contractions. Il a gravi une partie de ma montagne avec moi alors qu'il a sa propre montagne lui aussi à gravir. Merci pour le recul et l'humour qu'il me manque tant parfois.

Merci à ma psychologue, mon guide de montagne, qui m'a accompagnée pour la thérapie post-accouchement et qui a déconstruit avec moi beaucoup d'aspects de la parentalité.

Merci à ma mère pour son soutien lors de mon post-partum si compliqué. Je suis reconnaissante envers elle pour sa présence, son écoute et je la remercie de m'avoir montré une partie du chemin concernant la maternité.

Merci à Charlotte Ducharme et son équipe qui ont créé une application d'accompagnement pour les parents, mon bâton de randonnée sur lequel j'ai pu m'appuyer et continuer d'avancer chaque jour dans la direction que je souhaitais en tant que maman avec inspiration.

Merci à Anna Haëtty, mon amie, d'avoir été la première à lire ce livre.

Un immense merci à Cyrielle Bernard, mon amie qui activement participé à la correction de ces pages. Merci pour ton aide et ta

patience.
Merci à Fabienne, mon heureuse rencontre. Merci à elle d'avoir été la nounou de mon fils et d'avoir été d'un grand soutien, d'un grand recul. Merci pour son calme et son expérience qui a comblé chaque jour mes blessures et failles de jeune maman affolée.
Merci à cet inconnu à la gare, qui m'a vu en train de relire un brouillon de ce livre et qui m'a demandé ce que je lisais. Puis il m'a dit que je devais essayer de publier quoi qu'il arrive parce qu'on « ne sait jamais », avant de repartir dans une autre direction. Merci pour ce message.
Merci à tous ceux qui m'ont fait sortir de ma zone de confort et qui m'ont rendue la tâche de maman compliquée. C'est grâce à vous que j'ai été en difficulté et que j'ai donc cherché des solutions me conduisant sur un chemin beaucoup plus vaste et profond. Ce que j'ai appris en cherchant à m'en sortir me servira pour toute ma vie. Quelque part, c'est grâce à vous que j'ai fini par écrire ce livre.

Table des matières

Dépôt légal juillet 2024

Librinova

www.librinova.com

Imprimé en France
FRHW010904260924
40615FR00001B/2